LOIN DE SILS MARIA

DU MÊME AUTEUR

Hôtel Riviera, Grasset, 1986

Contes et Légendes de la Bible, Tome I, *Du Jardin d'Eden à la Terre promise,* Pocket, 1994

Contes et Légendes de la Bible, Tome II, *Juges, rois et prophètes,* Pocket, 1995

Shanghaï-la-juive, Flammarion, 1997 ; Le Passage, 2015

Les Fantômes de Zurich, Flammarion, 1998

Savannah, Flammarion, 1999

La Pourpre et le jasmin, Éditions du Rocher, 2000

Le Shnorrer de la rue des Rosiers, Éditions Bibliophane/Daniel Radford, 2000

Le Grand Dragon, Éditions Bibliophane/Daniel Radford, 2002

Cacao, Éditions Bibliophane/Daniel Radford 2002, Prix Cœur de la France 2003, Éditions Cairn, 2012 et 2018

Moi, reine de Saba, Éditions Bibliophane/Daniel Radford, 2004

Le Roman de Séville, Éditions du Rocher, 2005, Prix Alberto Benveniste 2006

Justice pour le capitaine Dreyfus !, Oskar, 2006

La Tragédie de l'Emeraude, Éditions du Rocher, 2007

Le Petit Roman du Mariage, Éditions du Rocher, 2010

Quand vous reviendrez, aurons-nous une auto ?, Éditions du Seuil, 2010

Le Rabbin de Salonique, Éditions du Rocher, 2010

La Clandestine du voyage de Bougainville, Le Passage, 2014 ; Points, 2015

Un soir à Sanary, Le Passage, 2016

www.michelekahn.com
mk@michelekahn.com

www.lepassage-editions.fr

"Des Flots et Des Sons"

Véronique

MICHÈLE KAHN

LOIN DE SILS MARIA

LA PRODIGIEUSE ASCENSION DE JOHANN JOSTY

roman

LEPASSAGE

À Salomé

À Joseph

1.

Imaginez un air aussi pur que le diamant. Parfumé de milliers de fragrances. Traversé par le gazouillis d'une multitude d'oiseaux mouchetés ou bariolés. Imaginez des lacs de velours turquoise sertis dans l'écrin des forêts. Imaginez des prairies tapissées de fleurs au pied de glaciers scintillants, des horizons que le soleil inonde d'une poudre d'or, des montagnes dont les pics enneigés farandolent dans un ciel bleu cobalt. D'une poignée, vous cueillez des marguerites et du myosotis, des astres violets, de la gentiane et de l'œillet. Imaginez des noms magiques : Maloja, Pontresina, Sils Maria, Celerina, Isola. Imaginez la caresse du zéphyr. Vous êtes au sud-est de la Suisse, dans le canton des Grisons, plus exactement dans l'Oberengadin, la haute vallée de l'Inn, qui est la plus haute vallée habitée d'Europe. En juin ou juillet.

Puis imaginez des roches désertiques, des sommets revêches, des noms rêches – Bever, La Punt-Chamues-ch, Zuoz, S-chanf, Champfèr, Plaun da Lej –, des torrents impétueux, des glaciers rigides, une brise chargée d'aiguilles de glace. Vous vous enfoncez dans la neige jusqu'aux genoux. La bise fait craquer les arbres dénudés. Vers la nuit, les parcelles d'eau tournent en plaques de cristal. Le thermomètre peut chuter la nuit à trente degrés sous zéro. Vous êtes encore dans le canton des Grisons, toujours dans la Haute-Engadine. Dans le pays aux cent lacs et trois cents glaciers d'où les eaux descendent vers la mer Noire, l'Adriatique et la mer du Nord. Par un jour de novembre ou décembre.

Ici se marient le nord et le midi, se croisent les pics et les vallées, le soleil et la glace, les hauts plateaux et les labyrinthes de forêts, les riches pâturages et les cimes dénudées.

Neuf mois d'hiver et trois mois de froid, dit-on dans la région. Un climat aussi sévère qu'en Laponie. Il est bien rare qu'on passe les trois mois d'été sans chauffer. La neige tombe parfois en juin ou juillet et, par les plus grandes chaleurs, il ne se passe guère de semaine sans gelée blanche. Il arrive que, même au milieu de l'été, les toits soient couverts de neige jusqu'à midi. Que des fleurs garnissent le jardinet planté devant la maison et que le pré à l'arrière reste enneigé. La température des heures du jour peut alors atteindre vingt-cinq ou trente degrés.

Septembre venu, c'est parfois l'hiver. En décembre, lacs et rivières se figent. Dès qu'on aura surpris le passage des renards sur le Silsersee, le lac de Sils, Lej da Segl en romanche, hommes, chevaux et traîneaux traverseront sa surface glacée sans hésiter. La neige couvre la campagne, comble les rues des villages, surcharge les toits des maisons et oblige les habitants à un travail perpétuel pour ménager la vie quotidienne. Dans la seconde moitié du mois de mai seulement, le soleil commence à chauffer la surface des glaciers. L'eau retrouve alors ses droits, se précipite en cascades et forme des torrents qui roulent avec fracas. Mais rien n'est gagné. En plein mois d'août, la température peut tomber la nuit à un degré sous zéro, assortie d'une pluie verglaçante.

Il découle de ce climat que les maisons traditionnelles des villages de l'Oberengadin se distinguent par des murs épais, de rares fenêtres qui rappellent des meurtrières. Petites, taillées en biais dans l'épaisseur du mur, pourvues de petits carreaux hexagonaux encadrés de plomb, parfois protégées par des grilles de fer forgé. Ainsi celles de Sils Baselgia, le hameau voisin de Sils Maria, où naît en 1773 le petit Gian Josty, premier enfant de Barbla Castelmur et Michel Josty, qui se sont épousés au début de la même année à l'église protestante de San Lurench.

À l'époque, la pauvreté règne dans cette partie de la république des Grisons. Il faut travailler dur pour manger. Mais dans quelle branche ? L'élevage et l'agriculture ne nourrissent que quelques familles. Des agapes, on n'y songe même pas. Il s'agit de gagner le pain quotidien. Celui que les femmes cuisent pour six mois chez le boulanger, et qu'il faut fracasser à la hache. On laissera ensuite les morceaux s'imprégner d'humidité à la cave pour pouvoir les mâcher sans se casser les dents.

Certains villages sont tellement isolés que les femmes ne descendent jamais dans la vallée. Cultiver des pentes abruptes, couper du bois ou faire du foin au bord des précipices, voire s'y enfoncer à la poursuite d'un maigre chamois, braver la grêle, la foudre ou les avalanches, tel est le lot journalier des montagnards.

Aussi sont-ils nombreux à chercher fortune en troquant faux et hardes contre hallebarde et costume de lansquenet, soldats de la garde suisse au Vatican ou des régiments suisses qui servent en France. Les princes et les grands seigneurs les engagent aussi pour la garde de leur personne et de leurs palais.

D'autres habitants des Grisons, et c'est une particularité de cette région, émigrent à Venise. Depuis le XVe siècle. En 1630, lorsque la peste décima un tiers de la population vénitienne, la main-d'œuvre grisonne fut plus que jamais la bienvenue. En 1740, la cité des Doges comptait un bon millier de Grisons, issus pour la majeure partie de l'Oberengadin, qui ressemblaient aux Vénitiens par leur vivacité et leur courtoisie. Et que firent-ils à Venise ? Pour la plupart, ils apprirent l'art de fouetter la crème, de filer le sucre, de dorer la pâte. Passés maîtres *Zuckerbäcker*, mot à mot boulangers du sucre, en fait confiseurs-pâtissiers, ils ouvrirent des boutiques bientôt florissantes. Aussi firent-ils des envieux et, protestants dans la cité catholique, furent en 1766 chassés de Venise. La Sérénissime s'était par ailleurs emportée de voir les chefs aristocrates des Grisons fricoter avec l'Autriche, son ennemie jurée. Nombre de ces artisans tentèrent alors leur chance à Trieste, ville autrichienne. Ainsi Michel Josty, fils d'un tonnelier de Sils. Vers ses 15 ou 16 ans, il partit confiant. À Trieste, tu ramasseras l'argent à la pelle, lui avait-on prédit.

Sans doute put-il entrer en apprentissage chez un oncle, un cousin ou un proche de la famille. L'histoire ne précise pas chez qui, mais cela se pratiquait ainsi. Il épargna sou par sou, et passa maître après quelques années. Lui vint alors le désir de se marier. À Sils l'attendait la charmante Barbla Castelmur. Ils s'épousèrent, comme je l'ai dit, en 1773, et le petit Gian naquit la même année.

Michel retourna seul à Trieste, où il ouvrit une boutique et prit des apprentis. Pendant ce temps Barbla vivait chez ses parents. Son père était maire d'une petite commune. Quel âge avait Gian lorsque Michel le prit pour la première fois dans ses bras ? Une dizaine de jours de marche le séparaient de sa famille. Il devait revenir de temps à autre au pays car un deuxième garçon, Daniel, naquit en 1777. Puis un troisième en 1778, prénommé Michel comme son père, et malheureusement aveugle. Mais le pâtissier-confiseur se lassa de ces allers et retours, de sa solitude, et demanda à Barbla de le suivre à Trieste. Il confia les deux aînés à sa sœur Chatrina, meurtrie de rester sans enfant, et le couple emmena le petit Michel.

Comment se rendirent-ils à Trieste ? Sur un char à bancs tiré par deux chevaux et fermé par des rideaux de toile ? Assis sur des bottes de paille et cahotés de caillou en caillou dans le vent aigre qui leur cisaillait les oreilles ? C'est le plus vraisemblable. Michel avait-il acheté, emprunté ou loué cet équipage ? L'histoire ne le dit pas.

À Trieste, tu ramasseras l'argent à la pelle, lui avait-on assuré, mais sa pelle se troua. Il était bon artisan, s'avéra cependant incapable de gérer une boutique et perdit le pécule amassé avant son mariage. Barbla et lui revinrent en 1781 à Sils, les poches vides, les yeux pleins de larmes.

Qu'inventer pour faire face aux exigences de la vie ? La famille de Barbla Castelmur possédait une petite auberge à Sils Baselgia. Construite en 1571, elle a accueilli au xxe siècle, sous le nom de Pensiun Chastè, des célébrités tels les peintres Marc Chagall et Emil Nolde, le poète Paul Celan, les écrivains Annemarie Schwarzenbach et Friedrich Dürrenmatt.

En 1781 donc, Barbla peut tenir cette auberge et encaisser de menus gains. Il lui faut par ailleurs s'occuper de Michel, le petit aveugle, qui représente une double charge. Elle prépare le feu. Elle cuisine. Elle lave le linge. Elle tisse les vêtements. Elle teint les torchons avec du jus de myrtilles, ce qui lui cerne les ongles de noir.

À Trieste, elle parlait en allemand avec l'enfant, elle doit maintenant lui apprendre le romanche. Plus exactement le *puter* qui se parle en Haute-Engadine. Les deux langues circulent à la maison. Selon l'humeur, on s'exprime en romanche ou en allemand, on ajoute un peu d'italien, souvent la langue des voyageurs. De même chez le pasteur qui fait la classe aux enfants, leur apprend à lire, à écrire et à compter. Leur promet de les initier au français, langue internationale, langue de culture et de distinction, dit-il.

L'aîné, Gian, a 8 ans. Épaisse tignasse couleur de châtaigne. Yeux marron aussi vifs que des étoiles filantes. Bien qu'il soit malingre, on lui trouve un emploi. Par la belle saison, il garde désormais, sur les terrains communaux, les chèvres d'un propriétaire de Sils Maria. La postérité n'a pas retenu le nom de cet homme que, pour la commodité du récit, j'appellerai M. Chasper. Gian est fier de rapporter quelques sous et un peu de fromage à la maison. Quant à Michel, le père, il devient agriculteur. Le lin, l'orge et les raves sont les cultures qui prospèrent le mieux à cette altitude : 1 800 mètres. Michel possède-t-il une parcelle de terre, ou travaille-t-il chez les autres ? Cela reste obscur. Peut-être braconne-t-il parfois quelques truites dans le Silsersee. De pâtisserie-confiserie, il n'est plus question. La vie à Sils ne permet pas ces douceurs. Elles ne réapparaissent qu'au détour des conversations, à table ou devant le feu. Lorsque la neige capitonne les rues et adoucit d'un édredon blanc les cimes abruptes des montagnes.

Gian ne perd pas une miette des conversations qui parviennent à ses oreilles. C'est un garçon plus vif qu'un torrent, mais taiseux. Il garde pour lui ses colères et ses peines. Il cache ses joies comme s'il avait peur qu'on les lui prenne. Curieux de tout, il absorbe avec gourmandise les leçons du pasteur et les échanges des parents. Et de quoi parle-t-on à la maison ? D'untel parti à Trieste. D'un autre qui y est décédé avant d'avoir terminé son apprentissage. Tel autrefois l'oncle Jachem, mort et enterré à Venise, 18 ans à peine. D'un autre encore qui, celui-ci, a fait fortune. Il a acquis des parts de commerces, construit une maison. Et quelle maison ! Princière, oui ! Chacun le dit. Michel, le père rompu et fourbu, cache sous ses paupières lourdes la honte d'avoir échoué.

Vous auriez laissé entendre à Gian qu'il était exploité, il vous aurait ri au nez.

Tous les matins à l'aube, après avoir dévoré son pain et englouti son bol de lait, il prend sa houlette et s'envole avec joie sur ses pieds nus vers Sils Maria et la ferme cossue de M. Chasper. Peu importe qu'il gèle à pierre fendre ou qu'un brouillard épais noie les collines. Les chèvres guillerettes l'attendent dans l'étable, à l'arrière de la maison. S'il ne saute pas assez vite de côté en ouvrant la porte, elles le renversent et lui passent sur le corps dans leur hâte de courir vers les plantes savoureuses. Gian en rit. Il aime son travail, il aime ses bêtes, appelle chacune par son nom en caressant leur pelage soyeux. Mais il se passerait de croiser la haute stature et le regard mauvais de M. Chasper. Une brute. Sa bouche dédaigneuse aux lèvres intriquées l'une dans l'autre ne s'ouvre que pour lâcher des ordres secs ou des observations désagréables. Il a menacé Gian de lui faire payer le prix de toute bête perdue. Il a la taloche facile. On dit que sa femme s'est tuée au travail et que ses enfants se sont hâtés de le quitter. Une grand-mère au dos arqué, vêtue de noir et sourde comme un pot, traverse parfois la cour. Sa mère assurément. Elle aussi a l'œil mauvais. Tremblant de peur, Gian rassemble « ses » chèvres au plus vite et prend la route de l'alpage. Elles sont blanches à taches brunes ou brunes à taches blanches. Seule Flocca, mot qui se traduit par flocon, est toute blanche.

Gian traverse la forêt de mélèzes, de sapins et d'arolles, ces fins conifères dont les branches frémissent au vent, ignorant bien sûr que le légendaire et magique hôtel Waldhaus, « maison de la forêt », y prendra racine au début du XXe siècle. Avec sa vue imprenable sur les quatre points de l'horizon, il collectionnera les pensionnaires célèbres, gens de lettres, artistes, musiciens et philosophes. Puis Gian gravit la pente aride jusqu'à la crête de Muott'Ota. Au moins une bonne heure de marche, sans lambiner. Il émerge alors du brouillard, soudain éclairé par un soleil cru, et choisit sa halte du jour. Sifflant et agitant sa houlette pour faire avancer les bêtes dans la bonne direction.

Elles se dispersent dans les nappes de rhododendrons. En croquent les jeunes pousses. Escaladent les rochers pour y brouter la verdure tendre des arbrisseaux. Gian rencontre parfois d'autres chevriers de son âge mais ne les fréquente guère car ils sont bagarreurs et se lancent des défis stupides. Qui escaladera la paroi la plus dangereuse. Qui se laissera couler en bas de la crête la plus escarpée. À midi, le garçon tête une chèvre. Pour se distraire, il joue du pipeau qu'il a fabriqué après avoir évidé une branche de sureau noir. Ou bien il sculpte des figurines de bois. Elles sont aimées de tous et il est sûr de faire plaisir en les offrant.

On sait qu'il a fêté – bien modestement – son onzième anniversaire lorsque se déroulent les faits qui vont décider de son étonnant destin. J'ai si souvent pensé à cet épisode que mon héros, jusqu'ici claquemuré dans les quelques pages qui content son aventure réelle, avérée, s'en échappe pour devenir un personnage de roman. Il a désormais sa vie propre, me mène par le bout du nez, et je ne peux faire autrement que suivre sa course échevelée.

Sur la crête de Muott'Ota, Gian voit un samedi arriver Peider Turtach, descendu de plus haut encore. Fils d'un paysan de Sils Maria qui possède un petit troupeau de chèvres et quelques vaches, âgé de 15 ans, Peider passe plusieurs mois dans les hauteurs jusqu'à l'automne. Noir de crasse et de soleil, il garde là-haut des bêtes qui ne donnent pas de lait, qu'il ne faut donc pas traire chaque jour, des boucs ou de tout jeunes chevreaux. Il dort dans une cabane d'ardoise adossée à un rocher. Sa peau et ses hardes marronnasses semblent teintes dans la même couleur brûlée. Tous les quinze jours, Gian voit passer le valet qui lui apporte du fromage, du pain et quelques tranches de viande séchée pour le dimanche. Pourquoi Peider descend-il aujourd'hui ? s'étonne Gian. J'attends Ladina, explique le berger.

Ladina, sa sœur, vient à son tour de fêter son onzième anniversaire. Le père a décidé, raconte Peider en peu de mots, qu'elle accomplira désormais cette course à la place du valet. Mieux vaut que l'homme travaille aux champs pendant ce temps. Mais elle montera seulement jusqu'à la crête de Muott'Ota, et Peider y descendra pour la rencontrer.

Elle arrive bientôt, un panier au bras. Voir Ladina emplit Gian de joie, sans qu'il sache pourquoi. Ils se connaissent mieux depuis le précédent *Chalandamarz*, la fête du 1er mars, quand les enfants ont selon la coutume chassé les esprits de l'hiver. Avec les garçons, Gian agitait devant les demeures sa cloche de vache pour en tirer le plus de bruit possible. Avec les filles, Ladina tenait un corbillon où les habitants déposaient des friandises, parfois quelques sous, après avoir écouté les chansons des gamins. Une longue journée. Val Fex, Sils Maria, Sils Baselgia. Ladina marchait à côté de Gian. Après chaque arrêt, il se demandait si elle reviendrait près de lui, et la voyait qui le cherchait. Son fin visage aux yeux noisette, encadré de deux tresses épaisses à reflets dorés, lui rappelait celui d'un faon.

Ah, tu es là, Gian ! s'écrie Ladina d'un ton joyeux, en rejoignant les deux garçons. Toi aussi ! réplique-t-il avec entrain. Il s'en veut aussitôt d'avoir répondu de façon aussi plate et veut se rattraper, mais reste muet. Des mots se bousculent dans sa gorge sans atteindre les lèvres.

Peider vide le panier de sa sœur dans sa besace et dit : Retourne, maintenant, Ladina. Salut ! lance-t-elle. Elle reprend le chemin vers Sils Maria, tandis que Peider, aussi leste qu'un chamois, regagne les hauteurs.

Désemparé, Gian regarde fixement le rocher derrière lequel Ladina a disparu depuis quelques minutes, lorsqu'il la voit réapparaître ! D'un bref regard, il s'assure que Peider n'est plus en vue. Ladina court vers lui. Tu veux des noisettes ? Elle en prend dans la poche de son tablier. Sa tante Ruth, de Celerina, lui en a offert beaucoup à l'automne, explique-t-elle. Gian accepte avec gourmandise et se met en quête de deux bonnes pierres. Une plate pour y poser les fruits, une ronde pour briser les coques. Ils gagnent la proche cabane d'ardoise aux reflets roses ou verts pour se mettre à l'abri du vent. S'assoient sur le sol. Cassent les noisettes. Les yeux brillants, se régalent. Puis Ladina repart, pour de bon cette fois, et la scène se répète tous les quinze jours. Gian a maintenant un but. Il attend Ladina. Souvent avec un cadeau. Des myrtilles ou des framboises. En automne, songe-t-il, ce seront des figurines de bois. Le cœur battant, il s'assied devant la cabane d'ardoise et guette l'instant, Peider reparti, où Ladina reviendra, souriante. Il peut alors lui parler, elle ne répond que pour lui, leurs yeux se comprennent. Une fois, il lui a tenu la main, et il sent ses joues rosir lorsqu'il y pense.

Un soir du mois de juin, le père reçoit une lettre signée Jacob Josti. Ce cousin possède une confiserie à Magdeburg, Magdebourg en français, dans la Breiter Weg, la célèbre rue de la ville prussienne. Barbla lit mieux que son époux. C'est elle qui déchiffre le texte à voix haute. Le *Zuckerbäcker* est heureux. Il a déménagé dans un local plus grand de la même artère, une forme de consécration. Si l'un de vos garçons veut faire son apprentissage, écrit-il, je l'accueillerai bien volontiers. Aller à Magdebourg est très simple. Depuis Sils, il faut passer le col du Julier, poursuivre jusqu'à Chur. Ensuite, direction Bregenz, au bout du lac de Constance. Puis toujours vers le nord, légèrement à l'est, jusqu'à Magdebourg.

Chur, nom allemand, c'est Coire en français, Cuira en romanche.

Gian écoute plein de curiosité, avide de tout nouveau savoir, mais cette lettre ne fait pas battre son cœur. Elle ne le concerne pas. Lui, il veut rester à Sils et épouser Ladina. Comment lui offrira-t-il une belle vie, il l'ignore encore, toutefois fait confiance à son destin. Il commencera par économiser sou par sou son gain chez M. Chasper, sans jamais en dépenser un seul, et il finira bien par dénicher un meilleur gagne-pain. Chacun le dit très débrouillard. Et il a de la volonté à revendre.

Or, à la rencontre suivante, en juillet, Ladina lui transmet une très mauvaise nouvelle. Peider nous a vus la dernière fois. Il a rapporté que je reste avec toi. Le père s'est fâché. Il dit que je serai assez jolie pour épouser un homme qui a du bien et que je ne dois pas me compromettre avec toi. C'est ce qu'il a dit. Alors il faut que je m'en aille vite, Gian. Je le regrette, tu sais, mais il le faut. Sinon le père va me battre.

Attends, Ladina ! Nous nous marierons. Je te jure que je gagnerai assez d'argent pour te faire une belle vie. Je ne sais pas encore comment mais, fais-moi confiance, j'y arriverai, je le jure sur ma tête, et… À cet instant, Gian aperçoit Flocca juchée sur un rocher. Un rocher qui surplombe un précipice ! Normalement, il aurait couru vers elle et, avec un peu de sel, l'aurait attirée en bas de son perchoir. Mais il veut de toutes ses forces retenir Ladina, la convaincre. Impossible de la quitter maintenant. Il lance une pierre vers la chèvre, qui s'abat, une jambe cassée.

Mon Dieu ! s'affole Ladina. Je dois partir. Adieu, Gian ! *Sto bain.* Porte-toi bien ! Elle attrape son panier et s'enfuit aussitôt. Mon Dieu ! gémit Gian, hébété. Il a envie de vomir. Sans doute faudra-t-il abattre la petite bête, et la punition de M. Chasper sera terrible. Gian devra travailler gratuitement pendant des années, des années et des années afin de rembourser la perte de Flocca. Il craint aussi la réaction de son père, plus sévère avec lui qu'avec les deux cadets, allez savoir pourquoi.

Ses espoirs viennent de se briser comme les stalactites de glace qui l'hiver pendent des toits, et au premier rayon de soleil s'écrasent en mille morceaux sur le sol. Les yeux pleins de larmes, il escalade le rocher, saisit délicatement la chèvre, lui bande la patte avec son mouchoir, l'installe sur ses épaules, rassemble le troupeau et entreprend de descendre vers le village. La pauvre Flocca est agitée de soubresauts. Chacun de ses tremblements se répercute dans le corps de Gian qui gémit au fond de lui, conscient que cet accident va déterminer sa vie d'homme.

2.

Se peut-il qu'il ait déjà raté sa vie d'homme avant même d'avoir du poil au menton ? Et dire qu'il s'est juré de devenir assez fortuné pour obtenir la main de Ladina ! Gian pleure de rage et de détresse mêlées. D'incertitude aussi. En quoi consistera exactement la punition de M. Chasper ?

Il s'avise soudain qu'à cette heure de l'après-midi, l'homme doit être aux champs. Tant mieux. Gian n'aura pas à l'affronter ce jour et la colère sera peut-être moins violente demain. Avec un peu de chance, la vieille femme sourde se terre à l'ombre dans un recoin de la maison. Plus mort que vif, Gian se dirige vers l'étable. En effet, pas âme qui vive. Il pose délicatement Flocca sur un lit de paille, la gratte entre les cornes, lui caresse le poil, lui offre du sel, referme la porte sur le troupeau et déguerpit.

Mais il va falloir affronter la colère du père. Michel peut être brutal. Faut pas lui en vouloir, dit Barbla. C'est l'amertume d'avoir tout perdu à Trieste. Il y a perdu ses nerfs aussi. Plus Gian avance, rasant les murs, plus il ralentit le pas.

Il a maintenant atteint Sils Baselgia, et le cœur lui toque dans la poitrine comme le battant d'une cloche. Arrivé à l'auberge de ses parents, le courage de franchir le seuil lui manque. Il file jusqu'à l'église San Lurench, cent cinquante mètres plus loin, et se cache dans le cimetière. Là seulement le rythme de son cœur se calme.

Tapi à l'ombre d'un buisson, il entend le fracas de l'Inn tout proche, sortant du Silsersee, qui roule sur les pierres. Des rires de femmes et des commérages accompagnent le chant de l'eau. Elles rincent le linge qu'elles ont d'abord décrassé chez elles avec des cendres. Barbla y est-elle aussi ? Gian risque la tête au-dessus du muret. Non, sa mère n'y est pas. Sans qu'il sache pourquoi, le garçon se sent soulagé. Il regarde, presque hypnotisé, l'eau verte de l'Inn qui sur les larges pierres gambade vers le Silvaplanersee, le lac de Silvaplana.

Fuyant son père, le fils de M. Chasper a suivi le cours de l'Inn, est arrivé à Vienne en Autriche. On l'a su par un Silsois de la famille de Barbla, qui a édifié là-bas une maison de commerce prospère, et pris le jeune homme en apprentissage. Gian a appris à l'école que l'Inn accueille à Passau un petit affluent nommé Danube, baigne ensuite sous ce nom des capitales prestigieuses. Vienne, Bratislava, Budapest ou Belgrade… Une chanson romanche lui vient à l'esprit : « *Muntagnas, stè bain…* Ô montagnes, adieu ! Vous, forêts et vallées, Toi, fraîche contrée, Toi Inn grondant, De vous je me souviendrai pendant mon absence, Ô montagnes, adieu ! »

Et lui parvient la voix de sa mère, comme si elle s'adressait à lui, lisant la lettre de cousin Jacob : « Si l'un de vos garçons veut faire son apprentissage, je l'accueillerai bien volontiers… »

La cloche de l'église carillonne, et ce carillon joyeux le décide. D'un bond, Gian quitte le cimetière après s'être assuré qu'il ne vient personne, traverse le petit pont qui enjambe l'Inn et, ayant pris à droite, suit la rivière qui après deux kilomètres se jette dans le Silvaplanersee. Il court, court de toutes ses forces, amicalement poussé par le vent de Maloja qui, avec l'exactitude d'une horloge suisse, se lève tous les jours à midi.

Arrivé au village de Silvaplana, où rivalisent les peintures traditionnelles sur les façades des maisons, Gian n'a pas un regard pour les sgraffites. Souvent des symboles aquatiques. Lignes de vagues, ondines, poissons. Il n'a qu'une idée. Prendre le chemin qui grimpe tout de suite à pic vers le col du Julier. L'empereur Auguste a créé cette route – en fait un chemin de terre ! – dix-huit siècles auparavant pour relier Chiavenna à Coire, et le fuyard met ses pieds nus dans les pas des légionnaires romains chaussés de leurs fameuses sandales. Regrette-t-il la paire de souliers qui le protège en hiver ? Pas forcément. À force d'évoluer pieds nus, il poussait aux bergers des Alpes une corne qui valait une semelle.

Il file, il file. Soudain s'arrête. Net. Dans la houle de sentiments confus qui l'agite – impression d'avoir mal agi, tristesse de peiner ses parents, regret de n'avoir pu les embrasser ainsi que ses petits frères –, vient d'émerger la nécessité de prévenir Ladina. Il faut lui faire savoir qu'il reviendra à

Sils. Et qu'il reviendra assez riche pour l'épouser. Il manque de retourner. Puis se souvient d'Andrea Puonz, son meilleur ami. Ils se voient en hiver à l'école, qu'ils fréquentent de novembre à la fin du mois de mars. Ensuite Andrea, fils du cordonnier de Sils, disparaît pour la belle saison. Sa mère a hérité d'un champ d'orge à la sortie de Silvaplana, et Andrea travaille là.

Gian, qui connaît l'endroit, y est en quelques bonds. Sa nervosité décroît quand il repère la silhouette d'Andrea, déjà grand comme un homme. Il se tapit dans le bosquet d'arolles qui borde le champ et lance leur sifflement familier. Qu'est-ce que tu fais là ? s'étonne Andrea. Gian lui raconte. Ce n'est pas facile. Il a honte. À cause de Flocca, et aussi de devoir révéler qu'il est amoureux, un sentiment que les adolescents préfèrent garder secret au fond d'eux-mêmes. Mais il n'a pas le choix. Il doit absolument laisser un message à Ladina. Andrea promet de faire de son mieux, donne au fuyard la moitié de son pain et de son fromage. Comme ils se séparent, Gian sent qu'il va pleurer et abrège l'adieu.

Est-il triste ? Galvanisé ? L'histoire ne le dit pas. Mais il a forcément attaqué la montée vers le col du Julier, 2 284 mètres, plus de 7 000 pieds à l'époque.

Gian est-il sensible aux aspects du paysage qui varie à chaque tournant ? Aux terrasses qui s'étagent ? Aux torrents qui cascadent ? Aux alternances de conifères et de feuillus ? Aux roches qui se succèdent ? Feldspath blanc, quartz gris, serpentine vert noirâtre, ardoises rouges et vertes. J'imagine qu'il surveille en tout cas la route avec attention, prompt à se cacher à l'approche de tout piéton, cavalier, ou conducteur d'un petit chariot à ridelles, seul véhicule à pouvoir s'aventurer sur ce trajet.

La route est plus fréquentée qu'il ne pensait. Au moindre bruit trahissant une proximité humaine, Gian se glisse derrière un arbre ou un rocher. Non sans craindre la morsure d'une vipère qu'il se tient prêt à estourbir avec sa houlette. Il a repéré, en avant de lui, un paysan de Sils qui pousse une vache et, dans cette campagne presque nue, il ne peut le dépasser sous peine d'être reconnu. L'homme va sans doute la vendre à Bivio, le premier village après le col, trois lieues plus loin.

Quels refuges accueilleront le fuyard pendant son équipée ? Des églises, certainement. Il dormira aussi dans des étables, ou à l'abri de meules de foin qu'il abandonnera vers 4 heures du matin, au lever du soleil, le moment le plus froid de la journée. Il n'est pas sûr que les pasteurs pourront le nourrir, car le clergé réformé brille par sa misère. Et la besace de Gian est vide. Pour calmer sa faim, il cueillera des dents-de-lion dans les prés, des baies et des champignons dans la forêt. Il chapardera dans les poulaillers des œufs qu'il gobera crus, tendra son gobelet aux mamelles de vaches ou de chèvres provisoirement délaissées par leur berger. Mais des aboiements de chien parfois l'obligeront à prendre ses jambes à son cou. Boire est plus facile. Les sources, fontaines et abreuvoirs, où il rincera son couteau et son gobelet, abondent.

Le froid tombe. La nuit ne va pas tarder. Gian ignore que, même au plus fort de l'été, on gèle sur le col du Julier quand souffle le vent du nord. A-t-il roulé une cape de laine dans sa besace ? Porte-t-il à même la peau un gilet de fine flanelle ? Il avance maintenant dans un paysage aride et dénudé. Parmi des moraines, vestiges d'un glacier disparu. Sous des rocs suspendus dans des positions bizarres. Tout à coup, le ciel se charge d'encre, et de grosses gouttes de pluie transpercent en un rien de temps les vêtements du garçon. Pas de cabane à l'horizon. Soudain, le tonnerre. Des roulements de plus en plus sonores. Nul endroit où se cacher. De petites pierres se mettent à rouler depuis le sommet qui surplombe le chemin. Toujours plus nombreuses. L'une frappe Gian à la tête.

Il s'éveille le lendemain matin, le crâne douloureux, étendu sur un lit, enroulé dans une couverture râpeuse. Entre ses cils, il distingue, assis tout près, un homme en robe de bure dont la longue barbe mitée s'agite au rythme de sa lecture. Un capucin, songe-t-il, se souvenant du voyageur, vêtu à l'identique, un jour hébergé à l'auberge de sa mère. Celui-ci se lève, et revient en tendant à Gian un bol de lait chaud, sucré au miel. La première gorgée le revigore. Il regarde autour de lui. Au-dessus du lit sont accrochés un petit bénitier de terre vernissée et une planchette garnie de livres religieux. Plus loin, un prie-Dieu sous un grand crucifix de bois sculpté.

Un gros chien beige jappe en frétillant de la queue. C'est lui qui t'a trouvé, dit son maître en allemand. Nous n'étions pas loin de toi et il s'est mis à aboyer pour que je le suive. Et alors Gian se souvient. Il est tombé, a perdu conscience, la langue chaude de l'animal l'a ramené à la vie. Un homme l'a chargé sur son dos. Celui qui se tient près de lui. Il feint de ne pas s'apercevoir que le capucin l'inspecte avec curiosité. Où vas-tu, comme ça? Gian se retient à temps de dire la vérité. À Coire, chez un oncle qui m'attend, brode-t-il. Et où habite cet oncle? interroge le capucin. Gian se souvient d'une explication du pasteur de Sils: les catholiques occupent la vieille ville en hauteur, groupée autour de la cathédrale et du palais de l'évêque, tandis que les protestants se tiennent dans la ville basse, commerçante et plus moderne. Dans la ville basse, avoue-t-il courageusement. Il apprécie d'autant plus le pain que le capucin lui offre pour la route, et quitte l'hospice avec gratitude.

Un kilomètre sépare Gian du col où il distingue deux hautes colonnes. Romaines, a-t-il appris à l'école. Puis il entreprend l'agréable descente vers Coire. Il emprunte de frêles passerelles qui enjambent des torrents écumeux, traverse des villages aux noms tantôt italiens, tantôt germaniques. Il atteint Marmorera, un joli village niché dans la vallée, et rafraîchit ses pieds dans la Julia. Un soupir d'apaisement lui gonfle la poitrine. Les nuages du matin se sont dissipés. Le soleil caresse la peau de Gian. Lui donne confiance. Il repart avec entrain.

Le nez sur sa route, peut-être le garçon n'aperçoit-il pas les nombreuses forteresses qui s'élèvent dans des lieux sauvages et presque inaccessibles. Comment firent les hommes pour les bâtir et les habiter? Comment parvenait-on au château Marmels ? Fiché au sommet d'un rocher aussi haut qu'escarpé, tel son prolongement, il semble ne pouvoir être atteint qu'au moyen d'une corde à nœuds.

Gian avance, n'ayant qu'un seul mot à l'esprit : continuer. Mouillé de sueur et parfois de pluie, transi, claquant des dents, il s'enfonce la peur au ventre dans des forêts épaisses, s'effraye des grenouilles qui coassent, des hiboux qui hululent, serpente dans des défilés de falaises creusées de failles profondes, brave des tourbillons de poussière. Il file tel un cerf à travers bois, jusqu'à ce que ses genoux fléchissent. De Sur à Tinizong, il affronte un chemin bordé de rochers effrayants. Savognin, Cunters, Tiefencastel défilent. Puis, après la montée vers Lenz, arrive la descente vers Parpan. Gian hurle de joie en se laissant rouler telle une pierre dans les belles prairies.

Une journée de marche le sépare encore de la ville de Coire. Il pense moins, déjà, à Flocca, à M. Chasper, à ses parents, mais l'image de Ladina ne le quitte pas. Elle a son sourire lumineux. Elle lui tend des noisettes sorties de la grande poche de son tablier. Pour te donner des forces, semble-t-elle lui dire. Soudain, la voici qui court avec lui !

Stimulé, Gian dépasse Parpan, aborde Churwalden. Des gamins cueillent sur un arbre des petits fruits rouges à longue queue, enfournés avec gourmandise. Gian s'approche, souriant, mais à sa vue l'un des enfants lui jette une pierre, qu'il réussit à éviter, et tous s'enfuient. Il arrache quelques poignées de fruits, prend ses jambes à son cou et se jette dans la forêt. Déguste enfin son butin. Le premier noyau le surprend, la chair du fruit le réjouit. Plus tard, il apprendra son nom, cerise, et le dégustera par livres. La cerise aura toujours pour lui le goût de la liberté.

À Malix, commence une pente importante qui descend vers Coire. Il la dévale en jubilant lorsque l'angoisse jaillit. Le pasteur a dit que Coire est une grande ville. Avec des centaines de maisons, peut-être plus de mille, trois ou quatre églises, un hôpital, un arsenal, plusieurs palais dont celui de l'évêque. Comment Gian distinguera-t-il son chemin ?

3.

Poursuivre jusqu'à Coire, ensuite direction Bregenz au bout du lac de Constance, a indiqué le cousin Jacob dans sa lettre. Mais comment repérer la route à prendre pour Bregenz ? La question obsède Gian à tel point qu'il court machinalement, sans rien voir de ce qu'il traverse. Soudain, il manque télescoper un cheval autour duquel tourne un grand échalas, la trentaine environ, à la moustache tombante et l'air éploré. Le cheval qui portait ses deux énormes sacs a fait une chute, explique-t-il en tessinois – un dialecte italien à peu près compris de Gian –, chute dont heureusement l'animal s'est relevé sans mal, mais délesté d'un fer ! Par chance, le voyageur marchait alors à son côté, sinon il aurait pu se blesser sérieusement. Impossible au cheval de continuer avec sa patte non ferrée. Je vais vous aider, propose Gian. Il prend un sac sur son dos, et suit le cavalier chargé de l'autre sac. Ils délaissent le chemin caillouteux pour marcher sur l'herbe, ce qui ralentit leur allure mais fait moins souffrir le cheval.

Michel Angelo Brenni est un stucateur, un artiste du stuc, spécialisé dans les plafonds, originaire de Lugano, plus bavard qu'un perroquet, même s'adressant à un jeune garçon. Il vient de Chiavenna – Gian se souvient d'avoir été dépassé vers Malix par le grand échalas –, et se dirige vers Coire, appelé par un châtelain qui embellit son palais. Ensuite, il se rendra au Danemark, où son frère ornemente un manoir et guigne la charge de stucateur de la Cour.

Gian enregistre tout, à sa manière d'éponge, mais n'oublie pas ses priorités pour autant. Vous connaissez Coire ? glisse-t-il dès que l'autre reprend sa respiration. Et la route pour Bregenz ? Le Tessinois n'est jamais venu dans la région, mais veut atteindre une auberge à l'entrée de la ville qui, lui a-t-on dit, est aussi un relais de chevaux. Et là on obtiendra sûrement le renseignement. Gian respire, soulagé. Pourquoi Bregenz ? questionne aussitôt l'échalas. Du tac au tac, le fils de l'aubergiste de Sils se prétend orphelin, et s'invente un oncle à Bregenz. Un batelier, ajoute-t-il pour faire plus vrai.

Soudain, au sortir d'une forêt, la ville apparaît, toute proche, lovée à l'intérieur de hautes murailles d'enceinte flanquées de tours. Des hommes en armes gardent la porte. À la grande surprise de Gian, Brenni leur montre un passeport et, désignant le garçon, dit que son valet l'accompagne. Gian comprend alors que, seul, il ne serait peut-être pas passé… Ça promet ! Mais il oublie vite ces pensées préoccupantes car une perspective magistrale s'offre à ses yeux. La rue semble escalader une colline. Des maisons et des maisons s'étagent jusqu'à l'horizon. Des boutiques nombreuses tendent leur auvent. On entend des fontaines roucouler.

Hommes, femmes, charrettes se disputent la chaussée. Les passages successifs d'un carrosse et d'une chaise à porteurs laissent Gian muet, béat d'admiration.

Et voici qu'une demoiselle splendide s'avance, en robe d'une belle étoffe brillante, avec des souliers si mignons et si souples que leur vue laisse le garçon interdit. Que Ladina serait belle, parée ainsi ! J'y arriverai, se promet-il en serrant les dents. Le plus urgent est de reprendre la route. Aussi tire-t-il la manche de Brenni pour lui rappeler sa promesse.

Au relais Weisses Kreuz[1], le loueur de chevaux est maussade, mais l'échalas réussit à lui extorquer la liste des lieux à traverser pour atteindre Bregenz, sur le lac de Constance. Gian sait d'après la lettre du cousin Jacob qu'il faudra ensuite continuer vers le nord, avec une inclinaison légère vers l'est.

Et comment s'y prend-il pour localiser le nord ? Il observe le soleil pendant le jour et les étoiles durant la nuit. Auprès du pasteur, il a appris que l'étoile la plus brillante de la constellation de la Petite Ourse, dite étoile polaire, indique le nord. Auprès de son père, il a appris à la repérer dans le ciel. Il ne la quitte pas des yeux afin de pouvoir la localiser même si des nuages venaient à la dissimuler.

Toujours dans les Grisons, le petit fuyard aborde ainsi le village de Trimmis. S'étonne de rencontrer autant de personnes affublées d'un gonflement de chair à la base du cou. Comme si des grenouilles leur gonflaient le gosier. Des goitres, en fait. Attribués à l'absorption d'eaux mauvaises.

---

1. À la Croix blanche.

Mais les habitants sont tellement accoutumés à ces difformités, qu'ils sont convaincus de leur beauté. Et se gaussent du cou lisse des étrangers.

Par chance, Gian ignore le danger grâce à l'inconscience naturelle à son âge. Il court. Il trace. Il ne s'arrête qu'épuisé ou affamé. Il se félicite de ne point porter de chaussures lorsqu'il doit traverser des lieux inondés dans le voisinage du Rhin. Lequel Rhin descend comme lui avec fougue d'une haute montagne de l'Oberengadin. Et comme lui s'apprête à traverser Meyenfeld, aujourd'hui Maienfeld, une jolie ville environnée de vignobles. Gian à présent ne se cache plus de personne et, ainsi que Barbla le lui a enseigné, salue poliment tout marcheur qui croise son chemin.

Après la seigneurie de Meyenfeld, suivront la seigneurie de Vaduz qui appartient au prince de Liechtenstein, les comtés de Feldlkirch et de Montfort propriétés de la maison d'Autriche, le comté de Hohenems, puis la seigneurie de Bregenz qui appartient aussi à l'Autriche. Bref, voici notre héros lancé dans la jungle des principautés, évêchés, comtés, duchés, marquisats, seigneuries, bailliages, prieurés qui composent le Saint Empire romain germanique, un regroupement politique de terres d'Europe occidentale et centrale, créé en 962 et dirigé par le « roi des Romains ». La mosaïque de mille sept cent quatre-vingt-neuf États aux contours biscornus, dont près de trois cent cinquante ont une étendue appréciable, qu'alors se disputent ou se vendent l'une à l'autre la Prusse et la maison d'Autriche, éternelles rivales animées l'une envers l'autre d'une férocité jalouse, est gouvernée par Joseph II, de la maison de

Habsbourg-Lorraine, lorsque Gian, quittant la terre grisonne après une marche d'environ cent kilomètres, y pénètre en fraude, voici comment.

À travers une gorge profonde, la route grimpe à présent vers le fort de Luciensteig. Deux redoutes élevées, appuyées à des rochers inaccessibles, flanquent un bâtiment central. Gian s'en souviendra en 1799, lorsque le général autrichien Auffenberg et le général français Masséna se disputeront avec âpreté ce bastion qui commande le seul accès menant à la principauté de Liechstenstein. Trois douaniers en sortent justement, pipe au bec, pour examiner les impedimenta et les passeports de deux cavaliers. À leur vue, Gian se sent pâlir et, plus vif qu'une vipère, se coule dans un buisson. Il est évident que, sans papier aucun, il se fera refouler. Contourner le fort ? Impossible. Il risque de se fracasser sur les rochers. Gian décide alors d'attendre la nuit. Ces messieurs peut-être somnoleront.

Il est lui-même sur le point de s'endormir dans sa cachette lorsqu'une série de bruits attire son attention. Arrive une famille. Le père pousse sur la route caillouteuse un petit chariot contenant trois mioches qui couinent comme des gorets. Un quatrième les imite en marchant. À juger la rondeur caractéristique de la mère, qui, son ventre pointant sous la robe, se hisse péniblement avec un gros baluchon, un cinquième est en bonne voie. La voyant chanceler sous le poids, Gian surgit comme un diable de son buisson et s'offre à l'aider. Elle accepte avec joie et un beau sourire.

Quelques pas plus loin, la femme demande à Gian où il va. Il joue le tout pour le tout. Devenu subitement orphelin en raison d'une épidémie de grippe, explique-t-il, il doit rejoindre un oncle batelier à Bregenz, mais ne possède aucun papier. Eh bien, tu passeras avec la marmaille, dit le père. Et cela se fait ainsi. Gian porte le baluchon jusqu'à Balzers, à une heure de marche, où s'arrête la famille. Mon pauvre garçon, tu as encore bien de la route devant toi, jusqu'à Bregenz, lui dit la mère épuisée. Si elle savait ! songe-t-il en échangeant des remerciements avec le couple.

Le voici donc au Liechtenstein, l'un des plus petits États du monde, et il lui faudra cinq heures pour traverser ce qui semble être une succession de villages montagnards. Y compris Vaduz, la capitale. Dont le château bâti sur une paroi de rochers est habité par le forestier en chef du prince.

Comment Gian pourrait-il deviner que la très ancienne famille de Liechtenstein vit à Vienne ou sur ses terres d'Autriche, de Bohême et de Moravie ? Qu'elle a souffert au XVIIe siècle d'une vive blessure d'amour-propre. Ses terres dépendaient d'autres seigneurs, ce qui empêchait un accès direct à l'empereur et nuisait à ses ambitions politiques. Le prince Hans-Adam Ier de Liechstenstein acheta donc en 1699 la seigneurie de Schellenberg pour 115 000 florins, puis acquit en 1712 le comté de Vaduz pour 290 000 florins. Il restait à l'empereur du Saint Empire, alors Charles VI, de lier les deux parcelles pour les ériger au rang d'une principauté qui porta le nom de Liechstenstein. Le tour fut ainsi joué.

Mais Gian est bien loin de ces considérations ! À vrai dire, il s'en battrait l'œil s'il en prenait connaissance. Ce qui lui importe vraiment, c'est de savoir quelle sorte de frontière l'attend à présent vers le Tyrol, terre héréditaire de la maison d'Autriche.

Quelles que soient les époques, les Habsbourg n'ont jamais gouverné un pays unifié, chaque province conservant ses traditions. La somme des possessions et les frontières se modifient au gré des achats, des mariages et des héritages. Sorti du Liechtenstein, Gian doit donc traverser les seigneuries du Voralberg, soit les comtés de Feldlkirch, de Montfort et de Hohenems, chacun avec son château, avant d'atteindre la seigneurie de Bregenz, qui englobe les trois autres. Heureusement pour lui, il ne se doute pas des complications qui l'attendent. Il marche à l'instinct. Telle une abeille éclaireuse à la recherche d'un nouvel avenir.

Combien de barrières et de frontières, vraies ou fausses ? Combien de gabelous ? Les avides auxquels il faut glisser la pièce. Les obtus qui s'abritent derrière une façade de règlements. Les rosses qui se délectent à empêcher les gens d'aller là où ils veulent.

Gian a compris qu'il doit éviter de se présenter seul aux barrières. Il attend donc de trouver un compagnon. Ou il passe de nuit. Ou il se glisse dans la végétation en dessous du poste. Ou il traverse un lit de rivière asséché par l'été. Pendant les arrêts obligés, il se régale de pêches, abricots ou prunes, fruits dont il ne connaît pas même le nom. Il s'enhardit, commence à croire à sa bonne étoile. Sur le point de quitter le Tyrol, il jubile en s'accrochant peu avant la frontière à l'arrière d'un char à bancs qui transporte six personnes absorbées par leur bavardage. Qui ne s'aperçoivent de rien. La distance à parcourir jusqu'au poste est plus longue qu'il ne pensait. Les muscles raidis, les doigts douloureux malgré l'habitude de s'agripper aux rochers, Gian pense abandonner. Mais un autre véhicule aussi commode que celui-ci se présentera-t-il ?

Il hésite si longtemps que l'attelage finit par s'arrêter. Gian retient son souffle le temps que chacun montre patte blanche, et les chevaux repartent enfin. Il s'apprête à se laisser couler sur la chaussée quand un appel tonitruant le fait trembler jusqu'à la moelle : Eh, toi là-bas ! On ne passe pas comme ça ! Reviens ou je tire !

4.

Tu entends, crapule ? Reviens ou je tire ! répète le gabelou d'un ton féroce dans le dos de Gian. Reviens immédiatement ou je tire !

Têtes sidérées des passagers du char à bancs, qui s'aperçoivent enfin de la présence de l'intrus. Une femme à capeline bois de rose porte la main à sa bouche pour étouffer son cri. Le petit berger se laisse glisser sur la chaussée, et hurle malgré lui. Une pierre tranchante et pointue lui a écorché la plante du pied. Clopin-clopant, il retourne vers le gabelou qui, louchant au-dessus d'incisives de lapin, le tient en joue. La sommation tambourine dans sa tête.

Passeport ! aboie l'homme. Gian tente de l'apitoyer avec son histoire d'orphelin. Sans succès. Il s'en veut de n'avoir pas imaginé que la chance pouvait tourner. De s'être mal préparé à cette nouvelle difficulté. Bregenz étant derrière lui, l'appui de l'oncle batelier tombe et, sur le coup, aucun nom de lieu proche de la sortie du Tyrol ne lui traverse l'esprit. Une pièce de monnaie l'aiderait peut-être mais, nous le savons, ses poches sont vides. Et sans doute ignore-t-il, naïf, les facilités obtenues par ceux qui jonglent avec la corruption. Contrit, furieux contre lui-même, il reprend en sens inverse la route qui l'a conduit à la frontière.

Son voyage s'arrête-t-il là ? Devra-t-il retourner chez lui ?

C'est l'heure du crépuscule, son pied le brûle. Après un tournant qui le fait disparaître de l'horizon du gabelou, il s'assied pour inspecter les dégâts. L'entaille saigne beaucoup. Il regarde autour de lui, aperçoit une belle digitale pourpre, se souvient du proverbe italien disant que la digitale guérit toutes les plaies. Il en cueille les feuilles et, comme il entend cascader une source, la rejoint en hauteur à travers les arbres afin d'y laver son pied avant de le panser. Il se bat contre des moustiques et achève de fixer la verdure au moyen d'une herbe longue et solide lorsqu'un spectacle à quelques mètres attire son attention. Dans un silence absolu, l'arrière-train d'un mulet dépasse d'un bosquet. Un coup de queue, puis l'animal disparaît tout à fait. Intrigué, Gian se précipite sur sa trace. Relevant les broussailles, se frayant un passage à travers les arbres, les ronces, les arbustes et les buissons, il débouche sur un étroit sentier en pente.

Les contes, tel *Le Petit Poucet* de Perrault ou *Hansel et Gretel* de Grimm, révèlent que les forêts étaient alors beaucoup plus étendues et touffues qu'aujourd'hui. Seuls ceux qui ne craignaient pas de s'y perdre, bûcherons, forestiers, contrebandiers, se risquaient à traverser ces immenses territoires.

Trois hommes et trois mulets gris lourdement chargés escaladent l'étroit sentier dans un silence impressionnant.

Six ombres dans la nuit presque complète. Comme Gian s'approche à pas de loup, il observe que les sabots des mulets n'émettent pas le moindre bruit. Sans doute sont-ils enveloppés de tissu, une astuce de contrebandiers. Gian a souvent entendu raconter des anecdotes qui vantent leur habileté. Ils passent de Maloja à Chiareggio, en Italie, en se faufilant le long d'un glacier. Ailleurs, ils marchent dans les rivières pour éviter les traces. On dit que cette sorte d'individus ne recule devant rien.

C'est une nuit sans lune. Un silence épais comme une nappe de brouillard baigne le groupe. Gian, réconforté, pense le suivre sans bruit pour atterrir de l'autre côté de la frontière. Mais c'est compter sans son cataplasme. Il fait un faux pas, se rattrape aux branches d'un arbuste qui sifflent dans l'air lorsqu'il les relâche. Un homme est aussitôt sur lui, lui tordant un bras. Gian a eu le temps de repérer l'étui du gros couteau qui dépasse de la ceinture de flanelle enroulée autour de son torse puissant. Qui es-tu, gredin ? La voix est à la fois forte et sourde. La douleur suffoque Gian. Lâchez-moi, s'il vous plaît. Je me suis enfui… Lui vient-il soudain le besoin de dire la vérité, ou se doute-t-il que son histoire d'orphelin et d'oncle batelier ne prendra pas auprès d'hommes aguerris ? D'où viens-tu ? Pourquoi nous suis-tu ? Allez, crache ! Le costaud parle un allemand chuinté, roulant légèrement les r. Tout ce que Gian peut répondre, c'est : Sils Maria, vous connaissez ?

Son cœur bat, le cri d'une chouette le glace.

Sils Maria ? Connais pas, grince l'homme. Vous me faites mal, gémit Gian. L'autre feint de ne rien entendre.

C'est où, Sils Maria? Gian ignore les mots techniques pour localiser Sils, mais il indique la route qu'il a suivie, les lieux traversés, et l'agresseur relâche son étreinte. Allez, debout! Marche devant moi et qu'on ne t'entende pas. Je t'ai à l'œil.

Il fait signe à ses compagnons de repartir. Environ une demi-heure plus tard, l'homme qui marche en tête relève des broussailles avec son bâton et fait passer la troupe. Une petite clairière les accueille. Des restes de bois brûlé, au centre, montrent qu'on y a fait du feu. Les hommes attachent les mulets aux arbres, et portent les charges dans une grotte que Gian n'a d'abord pas discernée. Je peux vous aider? demande-t-il à l'homme au couteau. Tiens, mets ça là-bas, grince l'autre en lui tendant un ballot. Mais qu'est-ce que t'as, à boiter? ajoute-t-il. Gian raconte l'histoire de la douane. Assieds-toi! Et pendant que Rudi, c'est son nom, enduit la blessure de baume, Gian apprend que la frontière est derrière eux, qu'ils ont atterri en Souabe autrichienne. Un cri de bonheur jaillit de sa poitrine.

Un peu plus tard, autour du feu, ils se régalent de pommes de terre et de lard grillé, un festin pour Gian. Non loin, une mare. Les crapauds verts tapis sur de larges feuilles lancent leur sérénade. Une atmosphère enchantée. Mais soudain Rudi, qui se distingue de ses compères par des cheveux blonds, la brise en intimant d'un ton brutal à Gian: Dis-leur d'où tu viens, et pourquoi tu es seul. T'as pas intérêt à raconter des bobards!

Gian ne fait qu'un tout petit mensonge. Il omet d'évoquer la présence de Ladina, qui pourtant occupe toutes ses pensées. Flocca s'est brisé une patte en tombant d'un rocher, dit-il, pendant que, circonstance malheureuse, il était occupé à dépêtrer une autre chèvre des broussailles où ses cornes s'étaient accrochées. Puis il revient à la vérité. À la frayeur que lui inspirait la réaction de M. Chasper. À son désir de rejoindre son cousin Jacob à Magdebourg.

Tu es un garçon courageux, dit alors Rudi, qui semble être le chef. Je suis content de t'avoir aidé. Un fort bonheur envahit Gian en même temps qu'une envie de pleurer. Il écrase une larme. Ni chagrin, ni découragement. C'est bon d'être avec les autres, et compris d'eux. Toutefois, il se reprend aussitôt, et lance d'un ton hardi : Et vous alors, pourquoi vous prenez ce chemin ? Qu'est-ce que vous transportez ?

Les hommes éclatent de rire, et le lui disent. Ce sont des sacs de sel, de tabac, du bois d'épicéa destiné à la confection d'instruments de musique. Et mes serins, ajoute Anton, l'homme à tête de fouine qui marchait en tête de l'expédition. Des serins ? questionne Gian. Des oiseaux qui sifflent et qui chantent, répond l'autre. Toute l'Europe en est friande. Les dames séduites par ces volatiles leur offrent de vastes cages en bois précieux semblables à de petits palais, où ils vivent par paires. La fouine s'avère imbattable sur les serins. Appelés serins des Canaries car ils proviennent à l'origine de ces îles, ils sont à présent élevés dans le comté de Tyrol et particulièrement appréciés des Parisiennes, raison pour laquelle Anton les appelle « serins de Paris ». Depuis le temps qu'ils sont dans ce pays de père en fils, ajoute-t-il, ils doivent bien être naturalisés. Gian aimerait les voir, mais la nuit ne s'y prête pas. Buvant les paroles d'Anton, il imagine leur plumage jonquille ou panaché à dominante verte, leurs flancs striés de brun noir, leur croupion vert jaunâtre, leurs trilles et gazouillis. Conquis, il se promet d'en offrir une paire ou deux à Ladina.

Le lendemain à l'aube, Gian quitte ses sauveurs muni de pain et de fromage, d'un peu de baume pour son pied, et surtout de renseignements précieux. Où il trouvera des chemins de contrebandiers, comment repérer les entrées, quels postes il pourra contourner. Bonne chance ! lui souhaite Rudi avant qu'ils ne se quittent. La Souabe, c'est une vraie passoire !

5.

« Arrière, on ne passe pas ! » et « La Souabe, c'est une vraie passoire ! », ces deux phrases n'ont cessé de tambouriner dans la tête de Gian tandis qu'il poursuivait son chemin semé d'embûches.

Cependant le jeune berger arrive maintenant en vue des remparts de la ville de Magdebourg, incluse dans le duché éponyme, propriété du royaume de Prusse. À cent quatre-vingt-treize lieues de Sils, soit sept cent soixante-douze kilomètres si l'on considère que la lieue – elle varie selon pays et régions – vaut quatre kilomètres, et cent soixante heures de marche. Sans doute en une petite quinzaine de jours.

Saute-moutonner par-dessus les frontières n'a pas été une partie de rigolade. Gian s'est moqué de sa naïveté en découvrant que les gardes des terres ecclésiastiques ne sont pas plus hospitaliers ni plus charitables que ceux des autres États. Et puis il s'est rendu compte qu'il avait perdu ses repères météorologiques. Dans les Alpes, il lui avait suffi de voir les nuages se traîner le long des montagnes ou en voiler les sommets pour savoir qu'il devait s'attendre à de la pluie. Mais là, dans la plaine, il nageait en plein brouillard : impossible de prévoir le temps. Et cela compliquait sa route.

Il s'est souvenu des conseils prodigués par les contrebandiers, a répété ses ruses, en a inventé de nouvelles. Le maigre cours d'eau qui séparait deux États, il le traversait de nuit, accroché à un épais bout de bois car il ne sait pas nager, ses vêtements roulés dans la besace juchée sur sa tête. Ou bien, caché dans un buisson, il guettait la venue du silence complet dans le logement du corps de garde, puis s'avançait à pas de loup.

Cependant une déconfiture attendait Gian sur le pont stratégique de Günzburg, Guntzbourg en français, qui traverse le large Danube. Le maréchal Lannes se rendra en octobre 1805 maître de ce pont, ce qui lui vaudra les félicitations de Napoléon à la veille de remporter la bataille d'Ulm, mais nous n'y sommes pas encore. Guntzbourg est alors souabe. Le cœur de Gian a battu d'émotions mêlées en apercevant le Danube. Joie de rencontrer le fleuve nourri par l'Inn de ses montagnes – pourquoi est-ce le nom du Danube qui l'a emporté alors que l'Inn est le plus long des deux lorsque leurs routes se croisent ? –, et angoisse de le découvrir si large. Bref, à l'instant où, par une nuit profonde, Gian se glissait sans bruit sous la barrière, il s'est soudain senti happé par le collet ! Une sorte de Goliath l'étranglait de sa grosse poigne. Mais le géant a desserré son étreinte à la vue de sa prise et, feignant la sévérité, a cuisiné le gamin. Gian a dit la vérité. Le grand et gros bonhomme l'a relâché, du bon côté, après un petit sermon.

Retour dans l'électorat de Bavière – dont il avait dû sortir pour traverser le pont souabe – mais pas pour longtemps. Cent douze kilomètres et quelques États plus loin il atteignit Ansbach, joyau du margraviat de Bayreuth au temps de son dernier margrave Charles Alexandre. Qui vendra son État à la Prusse en 1791. Gian profita peut-être d'un refuge protestant. On apprendra plus tard qu'Ansbach aura été un miroir fidèle de l'évolution religieuse au cours des siècles. Jugez plutôt ! L'origine de la localité est un monastère bénédictin fondé vers 748 par un noble franconien, Gumbertus, qui sera canonisé. Puis le margrave Georges le Pieux y introduisit la Réforme protestante en 1528, faisant de Ansbach une ville majoritairement luthérienne dans une province catholique. Puis en 1933, à l'arrivée des nazis au pouvoir, la cité comptera une petite communauté juive de cent quatre-vingt-dix-sept personnes. Enfin, en juillet 2016, un kamikaze syrien qui a fait allégeance à Daesh explosera devant un restaurant du centre-ville en blessant quinze personnes.

Mais de tout cela, Gian ne pouvait se douter. Il filait telle une fusée vers l'évêché de Bamberg. Dans la ville éponyme, il sinua à grande vitesse parmi les palais, églises et maisons aux formes irrégulières, surchargées d'ornements ou truffées de colombages.

De Bamberg à Koburg, Cobourg en français, tapie dans le duché de Saxe, trois heures de marche. Peu importait à Gian que les princes de Saxe-Cobourg aient engendré plusieurs dynasties royales qui règneront sur la couronne britannique, la Belgique, le Portugal et la Bulgarie. Aux trois quarts du trajet, il commençait à ressentir de la fatigue. De l'inquiétude aussi. Il s'interrogeait de plus en plus âprement sur l'accueil qui l'attendait à Magdebourg. Le cousin Jacob serait-il encore en mesure de l'accepter comme apprenti, ainsi qu'il l'avait proposé trois mois auparavant ? N'avait-il engagé personne dans l'intervalle ? Gian devait-il lui écrire pour le prévenir de son arrivée ? Sûrement. Mais il n'en avait pas les moyens. Il a donc traversé plein d'incertitudes le duché de Saxe, sans se douter qu'on y fabriquait les fines porcelaines qui lui seront un jour indispensables. Et il lui fallut braver encore quatre frontières en fraude avant de fouler le sol du duché de Magdebourg.

Enfin !

Dans le duché de Magdebourg, le petit berger arrive donc en vue des remparts de la ville où il espère trouver l'hospitalité et gagner assez d'argent pour épouser Ladina. Grimpé au faîte d'un orme juché au sommet d'une colline, il découvre qu'une porte, la Sudenburger Tor ainsi qu'il l'apprendra plus tard, précède l'entrée de la cité, elle-même semblable à une citadelle et entourée d'un talus en forte pente. Gian n'a jamais été confronté à ce cas de figure, et l'aspect des sentinelles devant le corps de garde ne l'engage guère à les aborder de front. Comble de malheur, alors qu'il redescend de l'arbre, une branche se prend dans sa culotte et fend la jambe de toile tout du long.

Une crampe lui serre l'estomac. Comment pénétrer cette forteresse hostile ? Ah, s'il pouvait attirer une oie sauvage qui l'emporterait dans les airs jusque dans la ville ! C'est faire preuve d'invention, car Selma Lagerlöf n'écrira qu'en 1906 *Le Merveilleux Voyage de Nils Holgersson à travers la Suède*, où son héros utilise joyeusement ce volatile comme moyen de transport. En revanche, Gian peut être averti des aventures de Till l'espiègle, *Till Eulenspiegel* en allemand, une histoire qui circule depuis le début du XVIe siècle. Le héros, un saltimbanque malicieux, démontre depuis un balcon aux habitants de Magdebourg qu'ils sont des imbéciles. Mais ils ne lui en garderont pas rancune, puisque sa statue un jour surplombera une fontaine en plein Altmarkt, le Vieux-Marché, au centre de la ville. Bref, tout anachronisme mis à part, Gian emprunterait volontiers l'oie de Nils pour atterrir près de la statue de Till. Il scrute le ciel avec désespoir lorsqu'une lumière dorée soudain perce les nuages. Le petit berger reprend confiance, et inspecte les lieux.

Un large fleuve, qu'il a longé sur une bonne distance, c'est l'Elbe, coule placidement entre les berges. À ras du rempart du côté de la ville. Sur la rive d'en face, un héron juché sur une patte guette poissons et grenouilles. Gian se sent soudain crasseux, et songe que Barbla n'aurait pas aimé le voir se présenter en un tel état devant le cousin Jacob. Ses vêtements cartonnés de sueur lui collent à la peau, et sa culotte déchirée lui fait honte. Il lui faut se laver, mais où ? En quel endroit peut-il être sûr de ne pas perdre pied ? Gian se souvient alors d'avoir aperçu, quelques minutes avant d'arriver là, et vaguement car il concentrait son attention sur les remparts, un pêcheur en barque. Un garçon barbotait juste à côté.

Il retourne sur ses pas, inquiet. L'homme peut le dénoncer, appeler la maréchaussée ! Mais Gian n'a pas le choix. Il s'approche du pêcheur en souriant, afin de manifester ses bonnes intentions, lorsqu'il se sent pris de suées, et s'affaisse sur le sol. Le gamin et son père lui flanquent des tapes sur les joues quand il s'éveille. Qu'est-ce qui t'arrive ? grogne l'homme. J'ai faim, confesse Gian. Des contractions abdominales lui ont fait comprendre qu'il valait mieux arrêter de se nourrir de fruits, et il ne possédait rien d'autre. Il n'a rien avalé depuis vingt-quatre heures. Un morceau de pain est le bienvenu. Mange lentement, intime le pêcheur. À ces mots, Gian comprend qu'il est tombé sur quelqu'un de bienveillant.

Un peu plus tard, il barbote dans un état de bien-être délicieux aux côtés du gamin, Otto. Celui-ci éclate de rire lorsqu'il s'aperçoit que la colonne vertébrale de Gian se dessine telle une anguille dans son dos. Une anguille ? Qu'est-ce que c'est ? Otto désigne le poisson en forme de serpent qui gît au fond de la nasse de son père. Je n'étais déjà pas gros et j'ai beaucoup maigri, s'excuse le petit berger. Ah bon, et pourquoi ?

Gian hésite à se confier à des inconnus qu'il sera peut-être amené à croiser dans sa vie future, qui peuvent le trahir…

Oui, pourquoi ? insiste le père depuis la barque où il s'est remis à pêcher. Gian le regarde. Il a une bonne tête, avec ses joues rouges, ses yeux ronds et sa moustache broussailleuse. Otto en est d'ailleurs la copie, moustache mise à part. Et puis n'a-t-il pas fait preuve de charité envers lui ?

Le petit berger raconte donc l'histoire qu'il a servie aux contrebandiers. Soit la vérité à l'exception de la présence de Ladina. Après de nombreuses difficultés, il est parvenu à Magdebourg, tout près du but et de son cousin Jacob qui, vu la forteresse à franchir, reste cependant inaccessible. Le pêcheur pousse un sifflement admiratif, aussitôt imité par son fils. Eh ben, dis donc ! fait-il. Pouvez-vous me faire passer ? hasarde Gian, encouragé. Trop risqué, répond le pêcheur. Ils nous connaissent, Otto et moi, ils savent que je n'ai qu'un fils. Il y a eu un gros ennui la semaine passée, et ils ont redoublé de vigilance. Gian accuse le coup, déçu. Alors, pourriez-vous aller chercher mon cousin ? tente-t-il. C'est le pâtissier-confiseur Jacob Josti, dans la Breiter Weg... Le pêcheur éclate de rire. On ne dérange pas un homme qui passe sa vie à ses fourneaux et prend à peine le temps de dormir. Surtout un dimanche !

Ah oui, on est donc dimanche. Gian a perdu le décompte des jours. Son espoir s'amenuise telle une boule de neige au soleil. Si près du but ! Des larmes roulent malgré lui sur ses joues. Il a l'impression d'avoir perdu ses forces, se met à claquer des dents.

Sortez de l'eau, vous deux, grogne le pêcheur, vous allez prendre froid. Il tend une toile aux garçons pour qu'ils se sèchent. Gian enfile tristement ses guenilles. Il ne lui reste plus qu'à tenter sa chance tout seul auprès des gardes. Vaut-il mieux s'y prendre de jour ou de nuit ? Il pose la question, mais le pêcheur reste muet, enroulant soigneusement la ligne au bout de sa gaule. Il regarde enfin Gian dans les yeux, puis commande : Monte dans la barque !

Intimidé par le ton autoritaire, Gian obéit sans oser poser les questions qui se croisent dans sa tête telles des étoiles filantes.

Bientôt il regrette d'avoir obéi aussi légèrement. L'atmosphère est lourde. Ils glissent sur l'eau sans échanger un mot. Le visage du pêcheur reste impénétrable. Une contraction de la joue gauche remonte sa mâchoire de biais. Otto, les yeux baissés, laisse traîner sa main dans l'eau et ne la relève que pour saluer d'autres pêcheurs.

Ils longent le rempart pendant un bon moment, puis apparaît un petit port où sont amarrées quantité de barques. Le pêcheur va y prendre place. Sur la rive, au pied du rempart, s'étale une mince bande de petites maisons adossées à une église. Des pêcheurs, qui remmaillent leurs filets sur le quai, saluent amicalement le père d'Otto, et Gian en éprouve du réconfort.

Maman ! appelle Otto comme ils s'approchent d'une maisonnette. Une femme avenante en sort, un bébé dans les bras. Ma petite sœur, dit fièrement Otto. Ils entrent dans la cuisine. Une merveilleuse odeur de pain chaud l'embaume.

Nous avons pris un gros poisson aujourd'hui, annonce le pêcheur avec un clin d'œil. Il résume l'histoire pour son épouse. Eh ben, dis donc ! fait-elle, en invitant Gian à s'asseoir sur la banquette qui entoure une partie de la table. Je vous remercie, mais je préfère essayer d'entrer dans la ville, dit Gian. Je dois aller chez mon cousin Jacob, vous comprenez ? Assieds-toi, intime le pêcheur. Je t'y conduirai, mais maintenant, ce n'est pas la bonne heure. Sa boutique est pleine, et il ne sait pas où donner de la tête. Pas vrai, Louise ? C'est sûr, Emil.

Il est presque l'heure de souper quand Emil Bachmann, suivi des deux garçons, emprunte une ruelle qui se glisse entre deux maisons. Elle est si étroite qu'il la prend de biais pour y passer sa bedaine. Ils aboutissent dans une rue à peine plus large, puis sur une petite place qui précède l'église. La Wallonerkirche, annonce Emil. Ils y entrent. Église réformée, ajoute-t-il en regardant Gian du coin de l'œil. Ça me va, réplique le petit berger, qui se demande s'il va devoir réciter ses prières. Martin Luther y a même prêché ! déclare fièrement le pêcheur. Ils longent la nef, prennent une porte près de la chaire, sortent dans un cloître, de là passent dans un cimetière qui s'ouvre sur une petite rue. Gian, qui se croyait déjà sauvé, sursaute à la vue de la sentinelle qui fait les cent pas.

Salut, l'ami ! lance Emil d'un ton cordial. J'ai deux garçons aujourd'hui, tu vois ? Ah oui, rigole l'autre. Ça pousse vite, ces machins-là. Emil rit de concert en lui tapant sur l'épaule. Le neveu de ma femme, annonce-t-il. Son père est passé nous voir. Tu sais, celui qui vit à Halle. Ils repartent demain matin, mais le petit voulait voir la ville. Ça va ! grogne l'homme... Puis, chuchotant : Dis donc, il me faut une belle anguille pour dimanche prochain. J'y penserai, promet Emil.

À peine se sont-ils éloignés que Gian à voix basse questionne : Que dira-t-il quand vous reviendrez sans moi ? Emil répond d'une voix amusée : Tu me prends pour un idiot, petit ? Un autre garde l'aura relevé. Je m'en assurerai avant de passer.

Breiter Weg ! annonce Otto quelques pas plus loin. L'artère principale de Magdebourg. Gian n'a jamais vu de rue aussi large, qui s'étend aussi loin, pavée d'aussi belles pierres, bordée de maisons aussi cossues. De toutes parts, des gens affairés, des porteurs de ballots, des vendeurs qui vantent leur marchandise. Une patrouille qui s'exerce. Cette ville est encore plus grande que Coire, songe Gian, exalté. Mais en même temps, il avance sur des jambes de flanelle, la gorge sèche, étourdi par la quantité de personnes qui circulent alentour. Personne n'a besoin de lui expliquer que les commerçants établis dans cette rue peuvent se flatter d'avoir bien réussi.

Et soudain, voilà, ils se tiennent devant le numéro 52. Sur la vitrine de la boutique s'étale en lettres d'or l'inscription Jacob Josti, Zuckerbäcker, répétée sur l'enseigne qui se balance dans la brise. Une douce vapeur émane d'un soupirail. Gian, figé sur place, croit vivre un rêve. Vas-y, l'encourage Emil. Otto et moi, on attendra un moment dans la rue. Au cas où ça se passerait mal. Mais je suis sûr que tout ira bien. Mon nom, c'est Bachmann, si tu nous cherches. Viens nous voir un dimanche !

Comme Gian ne bouge pas, tétanisé, Emil ouvre la porte et le pousse dans la boutique pleine de bocaux d'une multitude de couleurs. Le garçon se sent aussitôt enveloppé d'une odeur merveilleuse, chaude et douce, si concentrée qu'il n'en a jamais senti de pareille, où il reconnaît des effluves de sucre, de caramel et de cannelle. Il s'émerveille de ce qu'il voit, mais ne sait pas nommer. Je le fais pour lui. Bocaux de dragées, sucres d'orge, pastilles, pralines blanches, rouges ! Sur les dessertes, massepains, meringues, macarons, tourons !

Cependant, le regard méprisant de la personne imposante en robe noire à rayures blanches qui trône derrière la caisse, sans doute Eleonore, l'épouse de Jacob, lui donnerait envie de retourner sur le champ là d'où il vient, si cela n'était pas si compliqué. Que veux-tu ? lui lance-t-elle d'une voix perçante.

6.

Que veux-tu ? répète de sa voix glacée la femme qui ne le quitte pas des yeux. File ! Va-t'en ! Tu n'as rien à faire ici ! Ouste ! Dégage !

Levée d'un bond, elle s'avance d'un pas énergique vers Gian pour le pousser vers la porte. Terrorisé, affolé, il ne peut que bégayer : Cou… cou… sin Ja… Ja… cob. Quoi ? glapit-elle. Les clients commencent à faire cercle, intéressés par cette scène imprévue. D'un geste autoritaire, elle fait alors passer Gian dans un couloir. Qui es-tu ? Il tremble comme une feuille secouée par le pire vent du nord. Fils de Mi… Mi… chel Josty et Bar… Bar… bla. Elle le considère avec des yeux ronds. Pourquoi tes parents n'ont-ils pas écrit ?

Il baisse les yeux. Pas envie de lui répondre.

Jacob ! appelle-t-elle. Chéri ! Il lui sort soudain une voix toute douce, presque timide. Un homme apparaît, vêtu de toile blanche des pieds à la tête. Gian l'aurait reconnu entre mille, tellement il ressemble à son propre père. Silhouette trapue, teint cramoisi, mêmes paupières lourdes encadrant une petite bosse à la base du nez, mais un air si heureux! Bonjour, cousin Jacob! salue Gian, qui s'est repris, se sentant soudain en famille. Je suis Gian, le fils aîné de Michel et de Barbla. De Sils? interroge le confiseur en se grattant la tête au travers de sa toque. Gian acquiesce. Viens par ici! Deux minutes plus tard, tu ne me trouvais plus, ajoute-t-il. J'allais me coucher.

Il entraîne le garçon dans un escalier qui descend au sous-sol. Pourquoi m'emmène-t-il à la cave? s'interroge Gian. Dans un éclair, il se souvient alors d'avoir entendu son père parler d'un travail épuisant au fond d'une cave malsaine, mais il n'y avait pas prêté attention. Il n'avait pas tenté de donner corps aux mots prononcés. Maintenant, il comprend. Au-dehors, il fait encore jour mais des chandelles brûlent ici.

Jacob fait passer le garçon dans un local où un ouvrier façonne du pain d'épices. Gian pense encore à son père, qui en a confectionné pour les dernières fêtes de Noël. C'était son cadeau à la famille. Il y a donc à Magdebourg des gens qui mangent du pain d'épices toute l'année! Quelle vie merveilleuse! Et puis il observe qu'on se sert ici de bougies de cire, comme à l'église, tellement plus lumineuses que les chandelles de suif, malodorantes et fumeuses, utilisées par Barbla! Un monde nouveau se dessine aux yeux de Gian ébahi. Des portes s'ouvrent sur deux autres laboratoires. Dans chacun, des ouvriers affairés, des fours, des bassines, une masse de vaisselle. Jacob le pousse dans une petite pièce comportant une table, des chaises, un buffet, une armoire.

Tire deux tabourets. L'invite à s'asseoir. Pourquoi tes parents ne m'ont-ils pas écrit ?

Alors le petit berger conte l'accident de Flocca, la terreur que lui inspirait M. Chasper, tout cela sans évoquer Ladina qu'en même temps il imagine trônant comme Eleonore derrière la caisse d'une confiserie-pâtisserie qui serait sienne. Bref, il raconte l'histoire déjà rodée avec les contrebandiers, le géant de Guntzbourg et le pêcheur Emil. Jacob l'écoute sans l'interrompre, en l'examinant avec attention. Tu as faim ? demande-t-il alors, sans aucun commentaire. Le garçon opine de la tête. Il a si peu mangé ces jours derniers que son estomac lui semble devenu une sorte de puits sans fond. Attends-moi là, dit Jacob. Il revient avec une carafe d'eau et un plat de *Pastete*, des petits pâtés. Au jambon, aux champignons et aux pommes ! annonce-t-il. Vas-y, mange !

Gian ne se le fait pas dire deux fois, et mord à belles dents le premier pâté en pensant que le cousin Jacob est vraiment quelqu'un d'hospitalier. Comme Emil n'est pas là pour lui rappeler de manger lentement, il engouffre, il dévore, il engloutit, s'émerveillant des goûts succulents, sans même s'interrompre pour lâcher un mot ou deux. Seuls ses yeux parlent. Telle est sa nature taiseuse.

C'est bien, dit Jacob. Tu es rapide, ça me convient.

Le petit berger ignore qu'il vient de passer un test décisif, en vigueur chez tous les confiseurs. Le garçon qui prend son temps pour déguster le repas et se perd en bavardages est aussitôt éliminé : il manquera de vitesse à l'ouvrage. C'est le ciel qui t'envoie, reprend Jacob, en se frottant les paupières. L'un de mes gars est tombé malade. Heinrich, un neveu d'Eleonore. Nous l'avons renvoyé dans sa famille, à Saint-Moritz. Je préférais éviter qu'il meure ici, comme c'est arrivé chez un autre confiseur de la rue. Ensuite, on m'en a envoyé un qui m'a énervé pendant une semaine avant que je m'en débarrasse : tout ce qu'il était capable de faire, c'était de se tenir là où on le mettait et d'ouvrir la bouche pour manger… Demain, nous signerons le contrat, mon garçon. Si tu promets de me servir loyalement et fidèlement pendant cinq ans, tu recevras 50 *Bündnergulden*[1] la première année, 80 la deuxième, 120 la troisième, 150 la quatrième et 200 la cinquième. Si tu donnes satisfaction, bien sûr. Ces sommes te seront versées après la cinquième année. Je me charge de t'habiller et de te blanchir, de te loger et de te nourrir, de te fournir tout ce qui te sera nécessaire, les meilleurs soins et médicaments en cas de maladie, Dieu nous en préserve, bref de veiller sur toi comme un père.

La joie gonfle le cœur de Gian tel un ballon de verre sous l'action du souffleur. Il s'apprête, enthousiaste, à travailler de 5 heures du matin à 11 heures du soir, soit dix-huit heures par jour, quatorze le dimanche, s'arrêtant à peine pour se nourrir. Il apprendra plus tard que, dans la confiserie voisine, la Conditorei Attilio, concurrente de celle de Jacob, où est décédé un jeune apprenti, les garçons ne gagnent jamais leur lit avant 2 heures, voire 3 heures du matin, avant de reprendre à 5 heures.

Jacob promet d'emmener parfois Gian avec lui lorsqu'il ira faire des achats dans d'autres localités. Des excursions !

1. Florins grisons.

Il faut que j'aille me coucher, dit là-dessus le *Zuckerbäcker*. Je me lève à 3 heures. Toi, attends ici. Eleonore va fermer la boutique, te montrer ton lit, te donner des vêtements et des souliers. Ceux d'Heinrich devraient t'aller. Tu es un peu plus petit, mais tu grandiras. Et demain, j'écrirai à tes parents. Gian lui adresse un sourire reconnaissant, et dans le même élan pose la question qui le turlupine depuis un moment. De quoi souffrait Heinrich ?

Sehnsucht, Heimweh, répond Jacob en se redressant avant de disparaître. Nostalgie, mal du pays. La « nostalgie », alors un terme médical, décrit le désir impératif, parfois mortel, de retourner dans son pays natal. Les symptômes sont : essoufflement, palpitations cardiaques, dysenterie, fièvre, problèmes pulmonaires. Gian pouffe. Sa terreur à l'idée de devoir affronter M. Chasper est telle qu'il ne risque pas de souffrir de cette maladie ! Nous sommes sur la bonne voie, dit-il en pensée à Ladina.

Eleonore le réveille en sursaut, il s'est endormi sur son tabouret. Elle est à présent charmante, comme on l'est en famille. Rien à voir avec la mégère qui a tenté de le renvoyer. Elle lui donne les vêtements d'Heinrich en s'apitoyant sur l'état de ce pauvre neveu dont elle attend avec impatience des nouvelles depuis trois semaines. Puis elle mène Gian dans une pièce à six lits reposant chacun sur un coffre. Il dort déjà comme l'une de ces marmottes qu'il s'amusait à débusquer dans sa vie précédente, lorsque les cinq autres apprentis s'abattent sur leur couche.

L'aube du premier lundi vient à peine de poindre.

Tu veux réussir ? demande Jacob à Gian, qui nage dans les vêtements d'Heinrich. Le garçon hoche vigoureusement la tête. Alors, reprend Jacob, il faut vite t'adapter aux mœurs et habitudes de ce pays, même si tu restes grison dans ton cœur. Adapte-toi au plus vite, insiste Jacob. Prends un prénom allemand pour commencer. Que dis-tu de Johann ? Gian – et c'est la dernière fois que je l'appelle ainsi – acquiesce aussitôt, enthousiaste. Johann, c'est Gian en allemand. Dans son esprit se balance déjà une enseigne au nom de Johann Josty. Ça sonne bien. Voici une bible, reprend Jacob en lui tendant un volume aux feuilles écornées. Lis au moins une page par jour, cherche à comprendre le sens des phrases, retiens les nouveaux mots. Je te donne aussi un encrier, une plume et un cahier. Ce cahier deviendra ton bien le plus précieux. Tu y noteras les recettes que tu apprendras et, si Dieu le veut, celles que tu inventeras. Va ranger tout cela dans ton coffre, et au travail !

7.

Au travail, mon garçon ! répète Jacob. La glotte de Johann se rétrécit. Sera-t-il capable ? Mais en même temps, il sent au fond de lui une folle envie de réussir et de satisfaire cousin Jacob qui le reçoit si bien.

Sortis des dortoirs, ouvriers et apprentis se précipitent vers les ateliers. Franz ! appelle Jacob. Un grand échalas au teint pâle et à cheveux blond cendré freine sa course. Tiens, dit Jacob, je te confie le petit Johann. Apprends-lui à devenir des nôtres. Avec plaisir, monsieur Josti, répond l'ouvrier. Qui passe aussitôt un bras autour des épaules du nouveau, disant : Tu vas t'occuper du feu pour commencer.

Johann rit intérieurement. S'occuper du feu, rien de sorcier. Barbla lui a souvent confié cette tâche. Il a l'intelligence du feu. Il sait quand rassembler le combustible, quand en ajouter.

Mais devant l'imposant fourneau à trois orifices étalé sous la hotte, il s'interroge. Où glisser le bois, les broussailles, la paille, le fumier ou la tourbe ? Et où sont-ils rangés ? Franz ouvre une porte dans le mur, qui donne accès à un réduit. Johann découvre alors une réserve de menu bois, qui voisine avec un énorme tas d'un étrange matériau pierreux compact, noir et luisant. C'est la première fois que tu vois du charbon, non ? s'amuse Franz. Magique, tu verras ! Prends une pelle et charge le seau.

Johann s'active de toute son énergie pendant que Franz s'empare de petit bois, et ils retournent vers le fourneau. Le cadet observe ensuite comment l'aîné couvre de petit bois la grille d'un fourneau. Comment il le recouvre avec de la braise prise dans un brasero. Comment le bois flambe. Comment Franz place dessus quelques petits morceaux de houille en expliquant qu'ils doivent être clairsemés sous peine d'étouffer le feu. Comment s'élève une colonne de fumée blanchâtre mêlée de tourbillons jaunâtres qui embrument l'air. Comment cette fumée se convertit en flamme claire et légère. Comment l'ouvrier ajoute de petits morceaux de houille qui avec les autres forment une couche peu épaisse. Comment elle s'embrase. Et comment Franz achève d'emplir le foyer, précisant : il faut bien construire ton tas pour qu'il s'enflamme de partout. Compris ? À ton tour !

Pas mal, admet Franz lorsque Johann a chargé un deuxième fourneau. Si tu ne parviens pas à devenir un bon confiseur, tu pourras travailler à remplir le four d'un verrier, ajoute-t-il. Johann redouble d'ardeur. Sautant d'un four à l'autre, il remue les tas pour empêcher la formation d'une croûte, ranime l'embrasement à l'aide d'un soufflet, fourgonne à travers les barreaux des grilles pour faire tomber les cendres et les escarbilles. Bref, il veille à la prospérité du feu. À 11 heures du soir, il s'abat fourbu et en nage sur son lit, mais content de lui. Avant de s'endormir, il respire en pensée les effluves qui lui ont chatouillé le nez, émanant de chaudrons et bassines, et il revoit les plateaux chargés à ras bord qui passaient des ateliers à la boutique. Dragées, pralines, marrons glacés, fruits confits, candis, macarons, gaufres, massepains… En particulier certains massepains à la cerise. Les derniers de la saison, a déclaré Jacob. Ils se sont vendus comme des petits pains. Si tout va bien, songe Johann, j'en goûterai un l'an prochain.

Barbla possède deux robes. Eleonore en change chaque jour ! Noire à rayures blanches le dimanche, vert amande le lundi, bleu canard le mardi, jaune citron le mercredi, violette le jeudi, gris souris le vendredi, rouge pivoine le samedi, avec des tabliers assortis.

Dimanche matin, nous irons tous ensemble à l'église, dit la patronne à Johann. Et je te donnerai des pâtés pour le pêcheur qui s'est occupé de toi, ajoute Jacob. Ce que Johann accepte avec joie, mais une joie mêlée d'un sentiment désagréable : il a surpris le regard mauvais de Martin, un garçon de Pontresina à la lèvre dédaigneuse, dont la chaleur du feu empourpre les bonnes joues souvent gonflées de miettes chapardées.

Martin le regarde ainsi pour la deuxième fois. La première, alors qu'ils ne s'étaient encore jamais parlé, c'était lorsque Jacob lui a donné cahier et encrier. Ils ont de la chance, ceux qui sont de la famille, s'est écrié Martin à l'adresse d'un autre apprenti. Assez bas pour que cela puisse passer pour une confidence, assez fort pour que Johann l'entende. Il s'est senti rougir, comprenant que ces frais incombent normalement à chacun.

L'ancien chevrier se souvient soudain de propos entendus à la maison : Eleonore a du caractère. Elle a épousé Jacob à condition qu'il l'emmène à Magdebourg, où elle voulait le seconder, et s'occuper de la boutique. Le sort des femmes de *Zuckerbäcker* qui restaient au pays, sans autre horizon que la maison et les champs, lui paraissait détestable. Eleonore et Jacob ont malheureusement perdu leur enfant, un garçon, et les méchantes langues de Sils ont persiflé que c'était pour l'avoir confié à une nourrice, comme cela se faisait dans les villes, au lieu de l'élever soi-même dans la chaleur du foyer. Sans doute, songe Johann, Eleonore et Jacob sont-ils heureux d'héberger un enfant de la famille et de lui donner un peu d'affection. Surtout après la maladie d'Heinrich. C'est sa chance.

Et maintenant, dimanche matin, ils marchent vers l'église, cette Wallonerkirche que Johann a traversée en compagnie d'Emil et Otto. Eleonore et Jacob sont en tête, vêtus de leurs habits du dimanche, apprentis et ouvriers derrière eux. Johann porte avec précaution un petit panier contenant les pâtés pour le pêcheur et sa famille. Comme il aligne son pas sur celui de Franz, il interroge : D'où tu es, toi ? D'ici, de Magdebourg, répond le jeune homme. Et de raconter que son vrai prénom, c'est François. Ses arrière-grands-parents des deux côtés, originaires de Strasbourg en Alsace, comme l'indique son patronyme De Winter, ont quitté la France en 1685, à la suite de la révocation de l'édit de Nantes par Louis XIV et l'interdiction de pratiquer leur culte. On nous appelle les « huguenots », précise Franz avec un sourire. En France, ses ancêtres ont possédé des manoirs et des chasses. Ici son père est l'employé d'un négociant en étoffes et sa mère s'épuise en travaux de couture. Si Franz dort chez Jacob, c'est pour leur permettre de louer sa chambre. À un musicien. Violoniste.

Tu parles le français ? demande Johann, qui en a entendu des bribes dans l'auberge maternelle. Son maître d'école disait qu'avec le français, on se débrouillait dans l'Europe entière. Oui, monsieur ! répond Franz dans cette langue, avec l'étincelle railleuse qui allume souvent ses yeux d'acier. Sais-tu que le roi Frédéric II de Prusse ne jure que par le français ? Que pour lui, l'allemand n'est qu'un langage de cocher ? Qu'il écrit toujours en français ses pièces et ses poèmes ? Que c'est en Prusse la langue de la Cour ? Tu m'apprendras ? demande Johann, rêveur. Avec joie. En même temps que je vais te mettre au sucre ! Le cœur de Johann saute dans sa poitrine. Le sucre, c'est la base du métier.

Les quantités de sucre qu'il a vu défiler dans les ateliers l'ont effaré. À Sils, cette denrée était d'une telle rareté que Barbla l'enfermait dans une boîte cadenassée dont elle conservait toujours la clé dans sa poche.

Comme ils entrent dans l'église, Franz va rejoindre ses parents vêtus de noir et de modestie. Il embrasse une fillette qui se tient près d'eux, sa sœur. Johann s'assied près de Jacob, tourne la tête en tous sens jusqu'à repérer Otto, près des siens, et lui fait un petit signe lorsque leurs regards se croisent. La joie l'étreint. Il sent qu'il est sur son chemin, qu'il crée son propre univers. Ne lui manque que Ladina. Il aimerait tant partager son bonheur avec elle.

Après l'office, les Josti et les Bachmann se rencontrent sur le parvis de l'église. Là, Johann offre les pâtés à Louise qui les accueille avec force cris de joie et remerciements au confiseur. Tu viens chez nous, Gian ? propose Emil. Je m'appelle désormais Johann, répond le garçon avec fierté. Il ajoute : Je vous remercie mais il faut que j'aille travailler. Il n'en est pas triste. Bien au contraire. Rien ne lui paraît plus beau. Une autre fois, espère-t-il. Comme il rejoint les siens, il croise le regard haineux de Martin.

Ce jour restera mémorable dans le cœur de Johann, car Franz le met au sucre dès le retour de l'église. On te gâte ! persifle Martin. Moi, j'ai attendu deux mois pour passer au sucre. Johann préfère ne pas répondre. Feignant de n'avoir pas entendu – mais la pénible impression qu'il passe pour un lâche le barbouille –, il suit Franz dans une cave où il n'a pas encore mis les pieds. Celle des provisions. Un énorme tonneau, qui voisine avec des caisses et des barils, est empli de gros cônes enveloppés de papier bleu et cordés. Des pains de sucre ! Franz en prend deux. Il déballe le premier sur un billot, saisit une hache-marteau. Johann connaît cet outil, car Michel en a rapporté un de Trieste. Une tête en métal, à marteau d'un côté et hachette de l'autre, surmonte un manche de buis. Franz l'actionne si fort, produisant des éclatements secs, qu'on ne peut plus s'entendre et que Johann renonce à poser les questions qui assaillent son esprit. Les mots « canne à sucre » et « Antilles », qu'il associe aux pains de sucre, se présentent à lui comme des énigmes. Il attendra quelques jours avant de pouvoir les élucider. D'apprendre que le sucre provient de l'île de Saint-Domingue. Puis est envoyé en France, à Bordeaux, où s'opère le raffinage. Est ensuite expédié à Hambourg et transporté sur l'Elbe jusqu'à Magdebourg.

Et il faudra encore quelques années à Johann pour découvrir l'indigne commerce triangulaire – mais aura-t-il conscience du carnage, du scandale, de l'ignominie ? – qui permet aux Européens de s'offrir les précieux produits des colonies. Des armateurs échangent de la pacotille contre des hommes et des femmes d'Afrique, les vendent ensuite comme esclaves en Amérique – oui, les vendent ! –, prennent en échange du sucre, du café et du cacao qu'ils rapportent dans les ports européens tels Bordeaux, Nantes ou La Rochelle en France, Amsterdam aux Pays-Bas, Séville en Espagne.

Maintenant, on va clarifier le sucre, annonce Franz. Il délaie un blanc d'œuf dans un verre d'eau. Fouette l'ensemble. Le jette dans une grande poêle mise à chauffer sur le fourneau. Verse peu à peu deux bouteilles d'eau en fouettant toujours. Tu attends que ça mousse bien, explique-t-il. Là, tu ajoutes le sucre puis, dès que ça bout, tu apaises avec un peu d'eau froide, et ensuite il n'y a plus qu'à retirer l'écume ! Tiens, vas-y, dit-il à Johann en lui confiant une écumoire. Lorsqu'ils ont retiré toute l'écume, Franz ôte la poêle du feu, verse le mélange dans une terrine au travers d'une étamine légèrement humide. Le sucre qui en sort est clair, un peu transparent.

Trois jours plus tard, Johann clarifie le sucre tout seul, et il en éprouve une grande fierté. Entre ses tâches, il court observer Franz à son propre travail afin d'en apprendre toujours plus. Franz sifflote en cuisant le sucre, on le sent à son affaire, et devant ce bonheur, l'ancien chevrier brûle d'avancer dans son nouveau métier.

Il se voit déjà le plus grand confiseur de Magdebourg… Non, pas de Magdebourg, se corrige-t-il, par égard pour le cousin Jacob qui s'occupe si bien de lui, mais dans une ville plus grande encore. À Berlin, par exemple, la capitale de la Prusse ! Là où réside le roi. Il se voit déjà le *Zuckerbäcker* attitré de la Cour ! Ladina ira en carrosse et robe de soie porter des confiseries à la reine, qui la prendra en amitié. Ma chère Ladina, dira la reine, c'est le ciel qui vous envoie. Les confiseries de M. Josty sont les meilleures de tout le pays.

8.

Ladina se doute-t-elle que Johann l'imagine allant en carrosse porter des confiseries à la reine de Prusse ? Andrea lui a transmis le message de son ami fuyant vers Magdebourg, puis elle est restée sans nouvelles. La fureur de M. Chasper pour la perte de sa chèvre a nourri les conversations de toutes les maisons silsoises. Le père de Ladina croit savoir que Michel Josty a fauché du foin pendant une certaine période pour le prix de Flocca. La pauvre a fini un jour de fête, grillée dans la cheminée.

L'été a été exceptionnellement chaud. Les bêtes viennent à peine de quitter l'alpage alors que le mois de septembre s'achève. D'autres années, apparaissent déjà les premiers flocons de neige. Un panier au bras, Ladina part ce matin cueillir des champignons, heureuse d'échapper pour quelques heures aux exigences constantes de sa mère. Elles s'entendent de moins en moins bien. Ladina se braque toujours plus souvent, accepte mal d'être dénigrée sans arrêt.

Elle n'est jamais assez vive, assez soignée, assez empressée. Ce mépris n'empêche pas la mère d'espérer lui voir épouser un homme prospère. Bien sûr, à 12 ans, Ladina n'est pas en mesure d'analyser la situation mais une boule dure s'empare de son estomac dès que sa mère lui parle.

Elle a pris le chemin de la presqu'île de Chastè, où elle connaît un bon coin à bolets, situé juste après un arbre qui a pris racine sur un rocher, et un autre à coulemelles savoureuses, pas très éloigné. Les mélèzes jaunissent déjà. Une portée de canards nasille dans une petite crique. Les papillons dansent telles des fleurs mouvantes.

« Nous venions de voir un petit papillon rose, puis deux, puis cinq, quitter les fleurs de notre rive et voltiger au-dessus du lac. Bientôt ils semblaient une impalpable poussière de rose emportée, puis ils abordaient aux fleurs de l'autre rive, revenaient et doucement recommençaient l'aventureuse traversée… », écrira Marcel Proust en villégiature, l'année 1893, « dans un village perdu d'Engadine au nom deux fois doux : le rêve des sonorités allemandes s'y mourait dans la volupté des syllabes italiennes… Sils Maria. »

Ladina s'amuse du vol saccadé d'une libellule lorsqu'elle aperçoit une silhouette. Oui, quelqu'un la précède sur le sentier, marchant d'un pas rapide. Mauvaise nouvelle. Et quand elle parvient au rocher, elle voit une femme ramasser des bolets charnus. C'est Barbla ! Qui s'écrie aussitôt : Ah, Ladina, toi aussi tu connais cet endroit !

Le cœur de Ladina palpite. Aura-t-elle enfin des nouvelles de Gian ? Cueillons ensemble, propose Barbla. Il y en a assez pour deux.

Ladina remercie et se met aussitôt au travail, tandis que son esprit vibrionne, cherchant comment entamer la conversation qui lui importe. Elle tourne et retourne ses phrases dans sa tête lorsque Barbla met la question sur le tapis. Sais-tu que Gian est à Magdebourg ?

Non, ment Ladina. Son cœur bat la chamade. Et qu'y fait-il ?

Barbla le raconte. Son fils est très heureux d'apprendre le métier de *Zuckerbäcker*, et cousin Jacob se dit dans sa lettre extrêmement satisfait de son nouvel apprenti. Moi, il me manque, ajoute Barbla, avec un sourire doux empreint de tristesse. Et à moi donc ! songe Ladina. En attendant le retour de Gian, elle tâche d'apprendre tout ce que doit savoir une femme pour tenir une maison et s'occuper des enfants. Mais ne préfèrera-t-elle pas suivre Gian dans la ville où il ouvrira sa boutique ?

Il s'appelle Johann maintenant, lui apprend Barbla… Ah ! fait Ladina. Pour elle, il gardera toujours le nom de Gian. Lorsque Gian reviendra, songe-t-elle, sitôt son apprentissage terminé, avec de l'épargne et un bel avenir devant lui, le père n'aura plus aucune raison de s'opposer à notre mariage. Mais il faut attendre encore près de cinq ans. C'est long. Pourvu qu'il ne tombe pas amoureux d'une autre fille, à Magdebourg !

Gian m'aidait beaucoup, poursuit Barbla. Je pouvais toujours compter sur lui. Ce garçon aime faire plaisir. Ladina est aux anges. Entendre ces compliments sur son promis, c'est plus doux que du miel. Voilà, reprend Barbla après un silence. Assez de champignons pour aujourd'hui. Il faut que j'aille étendre le linge. Ladina se lève d'un bond. Je vais vous aider. Quelle gentille petite ! s'exclame Barbla. J'accepte volontiers.

Telles une mère et une fille complices, elles retournent gaiement vers Sils Baselgia.

9.

Les rêves et l'ambition de Johann n'ont maintenant plus aucune limite. Mais d'abord, apprendre le métier !

Il montre en cela autant de ferveur qu'un jeune homme de quatre ans son aîné qui vient d'entrer à l'École militaire de Paris et a endossé pour la première fois son uniforme d'officier : le lieutenant Napoléon Buonaparte.

Après un an d'apprentissage, Johann sidère chacun par son sens du sucre. Bien sûr, il n'a pas acquis ce savoir sans ratages, des ratages qui l'ont mortifié, qui de plus lui ont attiré les moqueries de Martin, mais c'est maintenant à lui que Franz, l'ouvrier préféré de cousin Jacob, commande de cuire le sucre qui lui est nécessaire. Une belle marque de confiance.

Peut-être la cuisson du sucre vous est-elle peu familière – c'était mon cas ! Sachez donc que son appellation change en fonction de sa température. Les manuels français de confiserie de l'époque comptent dix à douze degrés, dont la terminologie et la classification évolueront encore, contre sept à huit pour les manuels allemands. Mais comment mesurer la température du sucre ? Car le thermomètre, mis au point en 1620 par un physicien néerlandais, est trop fragile pour être plongé dans les chaudrons des confiseurs. Eh bien, on s'en tire par des astuces manuelles. Ayant taillé sa plume, c'est pour les noter que le garçon de Sils étrenne son cahier secret.

Franz met à cuire un mélange de sucre et d'eau. Trempe une écumoire après quelques minutes et la ressort. Une fine pellicule de sirop la recouvre, qui forme des gouttes avant de retomber. C'est le stade de la nappe, *Breitlauf* en allemand et, puisque nous sommes dans l'Allemagne du XVIIIe siècle, je ne ferai état que des sept degrés alors enseignés par Franz à Johann : *Breitlauf, Kleine Perle, Grosse Perle, Kleine Blase, Grosse Blase, Starker Bruch, Karamell.* Que nous traduisons par nappe, petit perlé, grand perlé, petit soufflé, grand soufflé, grand cassé, caramel.

Au petit perlé, le sucre pris entre deux doigts forme un fil qui s'étire et, lorsqu'il se brise à la suite d'un trop grand écartement, se recroqueville en une petite perle. Au degré suivant, le grand perlé, d'une part le fil ne se rompt pas, d'autre part le bouillon forme des perles rondes. On passe ensuite au stade du soufflé. Trempez une écumoire dans le sucre, secouez-la, soufflez au travers des trous en allant et revenant d'un bord à l'autre, le sirop se détache en bulles. Petites bulles pour le petit soufflé, grosses bulles pour le grand soufflé. Sixième degré : le grand cassé. On verse une goutte du sucre bouillant dans un verre d'eau froide. Prise entre le pouce et l'index, elle forme une petite bille jaune clair qui se casse sous la dent. Dernier degré : le caramel ! Le sirop prend une couleur miel, puis brun-rouge, et là, retirez-le vite avant qu'il ne brûle !

Le bonheur de Johann serait complet s'il pouvait travailler à la lumière du jour. Dans la cave sombre et humide, chargée de vapeurs grises ou noirâtres, de brèves rêveries le ramènent parfois à Sils. Quand il découvrait sous ses pas les boules d'aiguilles de mélèzes façonnées par l'eau et le vent, les *Silserkugeln*, qui jonchent les rives du lac. Quand il entendait les oiseaux s'affairer à construire leur nid ou nourrir les petits. Quand il surprenait le chant de la fontaine qui ruisselle au pied de l'auberge familiale. Quand surgissaient à ses yeux les bouquets de bruyère et de myrtilles, les aconits bleus qui se dressent au bord des sentiers, les tapis d'anémones et de violettes. Quand la brise lui emplissait les narines. Quand il écoutait les chauves-souris s'injurier. Que tout cela lui manque !

Lorsque ces rêveries deviennent trop insistantes, il sort par un soupirail dans une petite rue parallèle à la Breiter Weg, et pendant une ou deux minutes respire quelques bouffées d'air. Franz s'y tient parfois avec un paquet de linge sale qu'il doit remettre à Marie, sa petite sœur. Elle a l'âge de Ladina. Il aime voir les lourdes boucles blondes qui s'échappent de son bonnet pervenche, ses yeux myosotis qui pétillent de joie. Elle lui demande une chanson en romanche, c'est devenu un rite. Il traduit les paroles en allemand. Et un jour où il lui chante la chanson de la jeune fille, aussi belle que le soleil, qui se tenait devant sa maison, les joues de Marie se teintent de cette couleur cerise que Johann aime tant, car la cerise aura toujours pour lui le goût de la liberté.

Là aussi, dans cette petite rue, Johann rencontre parfois Paul, un apprenti de la Conditorei Attilio. Je serais heureux de n'avoir jamais connu la Prusse, soupire un jour ce garçon de Marmorera. Tu as vu comment ce pingre d'Attilio m'habille, tu as vu mes guenilles ? Voilà trois ans que je bosse pour lui comme une brute sans avoir jamais reçu un seul batz. Chaque fois qu'il a un coup dans le nez, à peu près tous les deux jours, il menace de me renvoyer. Sans le soutien de mes copains, je me serais jeté à l'eau. Il n'y a pas sur terre plus grande crapule qu'Attilio. J'ai avalé des couleuvres plus souvent que du pain. Tiens bon, tiens bon ! le supplie Johann. Le plus dur est fait. Dans deux ans, tu toucheras ton argent, et à toi la liberté ! En attendant, on vit comme des chiens, réplique Paul. Tiens bon ! répète Johann, pressé de retourner à son chaudron de sucre. Car, même si l'air de Sils lui manque, même si dans la flamme du four rougeoyant il voit parfois apparaître le clocher gris rosé de San Lurench, l'église où il est sûr d'épouser un jour Ladina, la passion de la confiserie s'est emparée de lui. Il aime ce qu'il fait, il aime ses compagnons. Il a compris que là est son avenir.

Et Martin ? me demanderez-vous. Eh bien, cousin Jacob l'a renvoyé, lassé de cette mauvaise tête, après l'avoir surpris à jeter dans les latrines la pâte qu'il a laissé brûler.

Plongé dans le parfum de mille friandises, Johann rêve d'en réaliser. Son cœur saute de joie lorsque Franz décide de lui apprendre à fabriquer du massepain, et il s'émerveille de sa chance. Depuis trois ans chez Attilio, Paul n'a fait qu'entretenir le feu, laver la vaisselle et livrer des commandes. Le massepain, donc! *Marzipan* en allemand.

Franz commence par éplucher trois livres d'amandes fraîches. Puis il les lave, les égoutte, les sèche dans un torchon, les verse dans un mortier de marbre et les pile avec vigueur. Pendant ce temps, Johann a préparé une provision de blanc d'œuf. Il est devenu très habile à séparer le blanc du jaune. Franz pile les amandes dans le mortier tout en les arrosant de blanc d'œuf. Pour qu'elles ne tournent pas en huile, explique-t-il. On obtient le même résultat avec du jus de citron, de l'eau de rose ou de fleur d'orange. Il pile pendant près d'une heure. Plus la pâte est pilée, plus le massepain devient beau. Pendant qu'il pile encore, il commande à Johann une livre et demie de sucre au petit soufflé. Quelle coordination! Les amandes sont parfaitement pilées, sans aucun grumeau restant, lorsque le sucre atteint la température désirée. Franz jette la pâte dans la poêle du sucre retirée du feu, et mélange le tout avec une spatule. Il étale ensuite l'amalgame sur une planche saupoudrée de sucre, le retourne pour qu'il soit sucré des deux côtés, le laisse refroidir. Enfin, il l'étend à l'épaisseur désirée. Applique des découpoirs en formes d'étoile, de cœur, de poisson. Range les formes sur du papier. Et de là, sur des feuilles de cuivre qu'il glisse au four.

Sans rien perdre de la démonstration, Johann guigne les parcelles de pâte qui jonchent la planche. Prends-les, dit Franz en riant. Martin venait toujours rôder auprès de moi quand je coupais le massepain et raflait tous les restes. Pas de réponse. Étrangement silencieux, Johann rassemble les miettes avec soin. Les pétrit pour former un boudin. Puis, à l'aide d'un couteau, sculpte un sapin.

Tu es doué ! s'exclame Franz. Vraiment doué ! Moi, je ne sais rien faire sans découpoirs ni moules ! Il ne manque que la couleur !

Arrive cousin Jacob, chargé d'un plateau de macarons, qui traverse l'atelier à pas pressés. Regardez, monsieur Josti, l'interpelle Franz, regardez le joli sapin de Johann ! Le *Zuckerbäcker* pose son plateau, prend le sapin qu'il tourne et retourne entre ses doigts, sans lâcher un mot. Puis : Tu en fais vingt autres, Johann. Franz, il faudra teindre les branches en vert et le tronc en bistre. Et il repart de son pas pressé, laissant Johann aussi fier que Napoléon Buonaparte ce même jour de septembre 1786.

Le jeune Corse entre en uniforme de lieutenant dans sa ville natale d'Ajaccio, qu'il a quittée depuis près de huit ans. Il ne parlait alors que l'italien. Trois mois au collège d'Autun lui ont suffi pour apprendre le français.

Y a plus qu'à refaire du massepain ! soupire Franz, affectant la contrariété. Si on avait su ! Ils se remettent à l'ouvrage, Franz avec une joie mâtinée d'une inquiétude légère – Johann sera-t-il à la hauteur de la tâche ? –, et le garçon avec un redoublement d'énergie. Il est 8 heures du soir lorsque la pâte s'étale enfin sur la planche, mais peu leur chaut. Pendant la préparation des amandes, Johann a soigneusement choisi son couteau. Une lame courte, bien effilée du bout, semblable à celle du canif qui lui a si souvent servi à sculpter du bois. Et cette fois, c'est Franz qui l'assiste, récoltant les chutes de massepain pour les assembler à nouveau, en même temps qu'il prépare les couleurs. Il lave, égoutte et pile des feuilles d'épinard qu'un apprenti, envoyé expressément, vient d'acheter chez le marchand. Le jus obtenu, il le fait bouillir, puis le passe au tamis. Voilà pour le vert. Pour le bistre, il prend de la suie, la fait bouillir dans un peu d'eau jusqu'à la bonne réduction, ajoute de l'eau gommée en se félicitant d'en avoir préparé un grand bocal la semaine passée. Puis ils prennent leur souper devant le four afin de surveiller la cuisson à feu doux. Peindre ensuite le feuillage de vert, et le tronc de bistre, est un plaisir qu'ils partagent avec bonheur.

À 11 heures passées, ils admirent, complices, le petit bosquet qui repose sur un plateau.

10.

Sils Baselgia, le 15 septembre 1787

Mon cher frère,

Les parents disent que je suis assez grand maintenant pour t'écrire au nom de la famille. Il est vrai que j'aurai 11 ans au mois de janvier. Tu n'en avais guère plus quand tu nous as quittés. J'ai une bonne nouvelle à t'annoncer. Cousin Jacob a écrit une lettre tellement élogieuse sur ton compte que les parents te pardonnent et qu'ils te souhaitent le meilleur. Après ton départ, notre père a fauché du foin pour M. Chasper jusqu'à ce que Flocca soit remboursée. Il était devenu très fatigué parce qu'il le faisait en plus de son travail. M. Chasper voulait que je garde ses chèvres à mon tour, mais les parents ont refusé. Ils disent qu'il a été trop sévère avec toi. Ils disent aussi que je suis moins débrouillard que toi et que j'ai été trop gâté. C'est peut-être vrai, mais je peux te dire que je suis moins gâté que Michel. Je n'aurais pas dû écrire cette dernière phrase. Michel n'a pas une vie heureuse, même s'il est gai, et je n'aimerais pas être aveugle. Il ne se plaint pourtant jamais. Son passe-temps favori, c'est d'écouter le chant des oiseaux. Il les reconnaît sans jamais se tromper, alors que les autres gens ont besoin de les voir pour les nommer.

Le maître nous a appris un peu de français et j'aime beaucoup cette langue. J'ai envie d'aller tenter ma chance en France. Walter, de Champfèr, est parti pour une ville qui s'appelle Agen. Comme personne d'autre n'y allait, son grand-père de 90 ans a décidé de l'accompagner pour qu'il ne fasse pas la route tout seul. Le grand-père était de retour après trente-quatre jours. Il avait emmené sa chèvre parce que le lait de vache lui fait mal à l'estomac, et il est revenu avec elle. Tout le monde rit parce qu'elle le suit maintenant comme un chien.

Les parents ont trouvé un groupe avec des garçons de La Punt, Celerina, Pontresina et S-chanf qui partira vers la France, et j'irai avec eux, mais la date n'est pas encore fixée. Nous emporterons la nourriture pour n'avoir pas à la payer en route et nous emporterons aussi du fromage, du beurre, des peaux et de la laine de mouton, ainsi que des truites salées pour les vendre et récolter un peu d'argent. Tout cela demande de la préparation. J'admire comment tu as eu le courage de partir seul et sans rien.

Il y a eu un tremblement de terre dans la vallée, mais ici nous n'avons pas été touchés.

On a appris que ton compagnon Martin est revenu à Pontresina. Ses parents sont très fâchés contre cousin Jacob. Ils disent qu'il s'est montré injuste envers lui et qu'il l'a renvoyé pour une bêtise. Martin raconte partout que cousin Jacob te favorise parce que tu es de sa famille. Il est maintenant en apprentissage chez un maréchal-ferrant.

J'aimerais bien te revoir un jour. J'espère que nos routes se croiseront.

Ton frère affectionné,

Daniel

11.

La famille de Franz de Winter couve la France des yeux. Pourra-t-on un jour retourner au pays des ancêtres ? Recouvrer chasses et manoirs ? En janvier de cette année 1788, le parlement a en effet enregistré l'édit de tolérance, signé en novembre 1787 par le roi Louis XVI, qui rend aux non-catholiques l'usage des droits civils dont ils étaient privés depuis 1685. Cependant de mauvaises nouvelles parviennent du royaume.

La France, qui a été ponctionnée par les guerres incessantes des rois Louis XIV et Louis XV, est exsangue.

Afin de la vivifier, le jeune contrôleur général des Finances et ministre d'État Charles-Alexandre de Calonne a voulu imposer à l'Église et à l'aristocratie une contribution fondée sur la propriété foncière. Les intéressés ont refusé, et le ministre a dû démissionner en avril 1787. En mai, son successeur, l'archevêque de Toulouse Loménie de Brienne, a remis la question sur le tapis et subi le même échec. Dans l'obligation de combler au plus vite le déficit des finances, le roi a convoqué le Parlement de Paris afin d'enregistrer un édit établissant un emprunt de 420 millions de livres, mais les parlementaires ont refusé. Joignant leur voix à celle des aristocrates, ils ont profité de la situation pour abaisser le pouvoir royal à leur profit, ont réclamé la convocation des états généraux. Cette assemblée des trois ordres du royaume – clergé, noblesse et tiers état – n'avait pas été réunie depuis 1614, à l'époque troublée de la régence de Marie de Médicis, veuve d'Henri IV. Le but est de contraindre le roi à respecter les exemptions fiscales des privilégiés, qu'ils appartiennent au Parlement, à l'Église ou à l'aristocratie.

Le 8 août 1788, Louis XVI s'incline et convoque les états généraux pour mai 1789. Dans la foulée, il remercie Loménie de Brienne et rappelle aux Finances le genevois Jacques Necker, qui se fait fort de rassurer les créanciers de l'État, les banquiers et l'opinion publique. Or, le climat est mauvais. Gelées, orages, pauvres récoltes, disette. À propos d'orage, les parlementaires s'inquiètent de celui qu'ils ont déclenché, et le 25 septembre décrètent une convocation des états généraux « suivant la forme observée en 1614 », soit avec le tiers état majoritaire… S'ils savaient !

En ce même 25 septembre, les De Winter auront cependant d'autres chats à fouetter. Franz se mariera.

Il épousera Christine, la fille d'un boutonnier originaire de Mulhouse, mince et vive libellule aux yeux myosotis. En Alsace, on aurait crié à la mésalliance. Or ici l'artisan boutonnier gagne mieux sa vie que le père de Franz, descendant d'un propriétaire terrien mais employé d'un négociant en étoffes. Ses ancêtres sont d'ailleurs parmi les rares huguenots qui aient abandonné des terres ; la décision de quitter une boutique était bien plus facile aux artisans. Mais de tout ceci, Franz et Christine n'ont cure. Ils s'aiment. Ils ont été aussitôt attirés l'un vers l'autre lors du repas qui a suivi la signature du contrat liant désormais les deux pères : le boutonnier cherchait à s'associer à un spécialiste des étoffes. L'origine alsacienne commune a vite cimenté la relation. Et maintenant, à Magdebourg, Christine et Franz préparent avec amour le nid qui les abritera dans une ruelle non baptisée, proche de la Breiter Weg, reliant la Ulrichstrasse à la Schöneckgasse.

Johann se réjouit de porter un vrai costume pour la noce. Il a grandi et pris du poids. Est maintenant presque à l'étroit dans les vêtements de Heinrich. Cousin Jacob a également pris du poids. Raison pour laquelle il a commandé à son tailleur une nouvelle tenue, et fait rétrécir l'ancienne pour habiller Johann. Celle-ci se compose d'un surtout gris assorti à une culotte de soie, porté avec une chemise garnie de dentelle sous une veste de satin violet semé de feuilles vertes. Le garçon, garçon d'honneur de surcroît, chaussera ses premiers souliers à talons, garnis d'une boucle d'argent. Un cadeau de cousine Eleonore. Il lui faudra apprendre à marcher sur les pavés sans se tordre les pieds.

Un sentiment bizarre l'a étreint chez le tailleur. Il était pour la première fois depuis son arrivée à Magdebourg confronté à une atmosphère autre que celle de la boutique colorée de cousin Jacob, où les clients lancent des exclamations, se répandent en compliments et salutations. Ici régnait un silence feutré. Un grand tapis amortissait le bruit des pas. Lorsque Johann a endossé le costume et s'est vu dans le miroir, il ne s'est pas reconnu. Il était presque un autre. De plus, son visage avait changé depuis son arrivée, reconnut-il. Ses sourcils s'étaient épaissis, sa mâchoire avait pris une forme carrée. L'image de ce nouveau Johann a fait son chemin dans son esprit, et il pressent – ou espère ? – qu'elle annonce un futur glorieux.

Johann est fier de figurer parmi les quatorze invités de la noce. Un lien fort l'attache à Franz, qui se dévoue à lui transmettre le meilleur de son savoir. À en faire un bon *Zuckerbäcker*, ce qu'il est lui-même. Et aussi à parler le français, langue dont le garçon espère qu'elle enjolivera son avenir. De son côté, Franz éprouve une grande curiosité pour la vie menée à Sils par Johann, car la lecture de *Émile ou De l'éducation*, une œuvre marquante de Jean-Jacques Rousseau, l'a vivement intéressé. Au premier rang des études utiles, Rousseau place les sciences naturelles et spécialement l'astronomie. En familier des montagnes, beaux ciels étoilés, levers et couchers de soleil, Johann posséderait-il un bagage vital ? Sa faculté d'imagination et son sens pratique sont si évidents qu'ils confortent aux yeux de Franz la théorie du philosophe genevois.

Aussi Franz a-t-il demandé à Johann de l'accompagner dans l'échoppe de la bouquetière, afin de commander le bouquet de la mariée. Il aime voir des fleurs, mais en ignore tout, les noms et le langage. Surprise de Johann ! Parmi les fleurs présentes, dont les parfums et les formes l'enchantent, il ne reconnaît que les campanules et les œillets, et encore n'en connaît-il les noms qu'en romanche ! Fleurs des plaines, mais aussi fleurs des quatre coins de la terre, explique la bouquetière, qui en fait germer les semences dans des cages. Sur son conseil, le bouquet offert par Franz sera blanc et rose. Des roses pour exprimer son amour à Christine. Des gerberas pour lui dire que la vie sera bien plus belle avec elle. Du lys en hommage à sa pureté, quelques œillets en gage d'amour sincère, deux ou trois tulipes en vœu d'amour parfait. Franz paie le bouquet d'avance pour être sûr qu'il sera livré en temps voulu.

Et quel sera le bouquet de Ladina ? s'interroge alors Johann. S'ils se marient eux aussi en septembre, mais août serait préférable, il se lèvera de bon matin, montera en altitude, cueillera des campanules, bien sûr, mais aussi le bel edelweiss pelucheux, des renoncules, des violettes, des saxifrages qui poussent en touffes dans les rochers, ce sera malheureusement trop tard pour l'azalée mais peut-être encore temps pour une certaine gentiane. Le sabot de vénus fleurit-il encore en ce mois ?

La bouquetière est charmante. Vous reviendrez me voir ? demande-t-elle, œil de velours, à Johann. Je m'appelle Anna, ajoute-t-elle en lui offrant un ne m'oubliez pas.

À quoi penses-tu ? demande Franz comme ils quittent l'échoppe de la bouquetière. Tenté de répondre « à rien », Johann se ravise. Franz lui a beaucoup donné, en véritable ami. Alors en quelques mots, et pour la première fois depuis sa fuite, depuis qu'il s'est confié à son camarade Andrea dans le champ de Silvaplana, il raconte la véritable histoire de la chute de Flocca.

Franz remercie Johann de sa confiance, et fait en sorte de ne pas montrer son agacement en apprenant l'existence de

Ladina. Sa sœur Marie éprouve en effet un doux penchant pour Johann. Il s'est fait une joie de les choisir comme garçon et demoiselle d'honneur, espérant que l'occasion leur permettrait de se rapprocher. Franz aime tellement Johann qu'il le verrait avec plaisir entrer dans la famille. Rien n'est joué, songe-t-il, gardons espoir. Peut-être Johann oubliera-t-il cette Ladina et lui préfèrera-t-il la douce Marie. Loin des yeux loin du cœur, dit le proverbe.

Arrive enfin le 25 septembre. La noce de quatorze personnes se forme devant la Wallonerkirche. Christine, en beauté, étrenne une nouvelle robe de soie crème ornée de petits bouquets de roses, loin d'imaginer qu'un siècle plus tard le blanc lui aurait été imposé. Adieux paniers, manteaux, bouillons et falbalas des décennies passées, bienvenue à la robe à l'anglaise sous l'influence de Jean-Jacques Rousseau, encore lui, qui vante la simplicité des mœurs. Le corsage ajusté s'amincit à la taille en formant une pointe sur le milieu du devant, met en valeur la cambrure de la silhouette de Christine. Les manches collantes sont mi-longues, et l'ourlet laisse apparaître la pointe du pied. Marie et les dames portent des robes de facture identique, à l'exception de la grand-mère de Franz, mère de son père, fidèle au modèle rococo de sa jeunesse, à manteau tombant des épaules et traînant à terre. En son for intérieur, elle critique les « tenues paysannes » de l'assistance féminine, dont la simplicité l'outrage. Affligeantes, songe-t-elle. Ces jeunes n'ont plus aucune allure.

Les joues de Marie rosissent dès qu'elle aperçoit Johann – il pense « se cerisent » –, et lui, ne se doutant pas du sentiment qu'il suscite, la voit apparaître avec plaisir, se rengorge lorsqu'elle le complimente sur sa tenue magnifique, si seyante. Elle l'amuse, il aime sa gaieté, ses lourdes boucles blondes, la trouve aussi rafraîchissante qu'une limonade.

Trêve de considérations futiles, bientôt le pasteur officie. Franz, veux-tu prendre Christine pour épouse ? Johann entend : Veux-tu prendre Ladina pour épouse ? En lui-même, une voix aussi forte que celle de Franz répond : Oui, je le veux. Il ne voit pas l'expression de Marie qui cherche son regard. Christine, reprend le pasteur, veux-tu prendre Franz pour époux ? Oui, je le veux ! assure Christine d'une voix claire. Johann passe le reste de la cérémonie, anneaux, promesse d'amour éternel, bénédiction, dans un nuage. Il a cette nuit dormi deux heures seulement, vaguement plus les nuits précédentes et peine à garder les paupières ouvertes, mais il est heureux.

Cousin Jacob lui a demandé de l'assister dans l'exécution des douceurs qu'il offre aux jeunes mariés pour le repas de noce. Johann a confit des cornichons, confectionné une compote de marrons au sirop d'abricot, des pâtes de fruits à la mûre, à la framboise, à la mirabelle, à l'orange et au citron. Il a aussi préparé des biscuits à la noisette, des biscuits de jasmin d'Espagne, des massepains à la pistache, des meringues piquées d'une cerise confite.

Le dîner de noce est offert dans l'appartement des parents de Christine, où retentit la musique gracieuse du violoniste locataire des De Winter. Les invités parlent un joyeux mélange d'allemand et de français tandis que les verres de cristal s'emplissent de vin du Rhin. Ils dégustent avec entrain trois services disposés au fur et à mesure sur la table ornée de fleurs et de fruits.

Au premier apparaissent deux potages, l'un aux pois verts et l'autre au parmesan, quatre hors-d'œuvre, dont saucisse à la moutarde au gratin et quenelles de poularde, et deux entrées : dindonneau à la poêle et pigeon en grenadin. Cette agréable « mise en bouche » sera suivie du deuxième service où chacun, attendant le rôt traditionnel, découvre une longe de veau rôtie flanquée de deux salades, d'une sauce à base de cornichons confits et de quatre entremets : tourte d'artichauts, champignons frits au four, beignets de fraises, crème veloutée. Le troisième service a les faveurs de Marie. Elle y repère une assiette de biscuits à l'anis, et félicite Johann de la délicatesse du goût. Sont servies en même temps deux jattes de compotes et trois autres assiettes de friandises : meringues, massepains, pâtes de fruits. Les plats repartent à peine entamés. Le corset des dames les étouffe, ainsi qu'en témoigne leur carnation tirant sur le violet. Mais le plus beau reste à venir : les pyramides composées par Jacob et Johann. Des applaudissements accueillent trois étages de génoise fourrés de gelée d'épines-vinettes, de marmelade de poires et de pâte d'amandes, puis la pyramide de noix, prunes et marrons confits assemblés avec du caramel. Au sommet, une rose de sucre, que Jacob offre à Christine en précisant qu'elle est l'œuvre de Johann.

Les applaudissements, et Marie n'est pas la dernière à taper des mains, sont tels que l'ancien berger vogue sur un nuage. Où, sous le regard admiratif de Marie, il rejoint en secret sa Ladina.

12.

Les gens disent de Ladina qu'elle est devenue une splendide jeune fille. Et de fait, l'eau claire du Silsersee lui renvoie une image qui commence à lui plaire. Son apparence frêle et douce cache une volonté de fer. On la dit travailleuse, digne de confiance. Ses parents la chargent toujours plus de tâches mais cela ne lui pèse pas. Elle sait qu'elle apprend. Un jour viendra où elle dirigera une maison et commandera aux servantes tandis qu'elle aidera Gian à tenir sa boutique. Car il est évident que Gian deviendra, selon l'expression chère à son père, un « homme qui a du bien ». Et que le fermier sera aux anges à l'idée de lui accorder la main de sa fille. Ce n'est qu'une question de patience.

Ladina monte encore tous les quinze jours à Muott'Ota. Apporte fromage, pain et quelques tranches de viande séchée, pour le dimanche, à son frère Peider qui garde plus haut des boucs et des chevreaux. Ne manque jamais de marquer un temps d'arrêt en passant devant la cabane d'ardoise où Gian et elle croquaient les noisettes. Nourrit ainsi sa force d'attendre.

Les lourdes tâches lui laissent-elles un peu de temps ? Ladina aime se rendre sur la presqu'île de Chastè, où parfois elle a la chance de rencontrer Barbla. Il lui arrive d'emporter l'almanach. Elle le lit adossée contre le tronc d'un mélèze. Ou observe le manège des cassenoix mouchetés, brun noir taché de blanc. Leur bec pointu fouille les cônes d'arolles pour en extraire les graines. Ils les stockent dans leur jabot, puis les versent dans des cachettes.

Mais en ce jour d'août 1789, pas question de promenade ni de lecture. Le père a décidé qu'on allait faucher. On commence alors que le sol est encore humide de la rosée du matin. La journée y passe. Au soleil maintenant d'assécher l'herbe ! Là-dessus, manque de chance, il neige la nuit entière et le foin est trempé. Il mettra encore plus de temps à sécher. Ce n'est pas la première fois que la nature joue ce tour aux paysans de Sils. Il faudra faner une ou deux fois par jour pour exposer tous les brins au soleil. Or, le surlendemain, arrive la terrible nouvelle. Ruth, sœur aînée de la mère de Ladina, la tante qui offrait des pleins paniers de noisettes, est brusquement décédée à Celerina. Les parents doivent y aller dès le jour suivant. Mais la fenaison ?

Le père réfléchit. Ladina restera avec Elias, le valet, pour retourner le foin et le rentrer lorsqu'il sera temps. Ils sont vaillants, ils devraient y arriver, songe-t-il. Mais dans l'heure qui suit, comble de malheur, se lève un vent qui souffle en rafales, poussant devant lui des nuages épais. De grosses averses de pluie menacent. Elles risquent de faire déborder le

Fexerbach qui coule le long du champ et d'inonder la moisson. Tant pis si le foin est encore un peu humide, décide alors le père. Il faut le rentrer aujourd'hui. Ce qu'ils font ; le père, la mère, Ladina et Elias.

Quelle année de malchance, décidément ! Des trombes d'eau s'abattent sur toute la région, trempant et détrempant la terre.

À Celerina, on s'enfonce jusqu'à la cheville dans la boue du cimetière. Sans doute affaibli par tant d'efforts auxquels s'est ajoutée la fatigue de la route, le père dérape et se brise une jambe. Tout juste s'il ne s'est pas étalé dans la fosse. Heureusement, la peau n'est pas déchirée. Il est immobilisé. Intransportable pour l'instant. Et comme chacun à Celerina est absorbé par ses tâches, sa femme doit rester auprès de lui.

Deux semaines s'écoulent. À Sils, Ladina et Elias font face au quotidien, travaillent pour quatre, le soir s'abattent éreintés sur leur couche, s'éveillent en ayant l'impression de n'avoir pas dormi. Des cals poussent sous les doigts de Ladina. Malgré sa fatigue, Elias ira ce soir à l'auberge. Il a parié au sujet d'une truite pêchée dans le lac qui, d'après lui, pesait bien vingt livres. Il a gagné son pari et veut chercher son dû. Et puis il faut bien parfois se changer les idées.

Ladina dort déjà lorsque, avant de quitter la ferme, il en fait le tour afin de vérifier que tout va bien. Pipe au bec pour se récompenser d'une rude journée. À l'arrière de la maison, en sous-sol, les vaches ruminent paisiblement dans l'étable et une incursion dans la grange apprend à Elias que le foin, pour n'être pas entièrement sec, le sera bientôt. Il remonte au rez-de-chaussée. Se dirige vers l'avant de la maison. Prend la petite porte, celle qui se découpe dans la grande porte apte à laisser passer un chariot, et part vers l'auberge. Là-bas, il retrouve son compère accompagné d'un copain, empoche son dû et, par politesse, on sait vivre quand même songe-t-il, alors que le taraude l'envie de gagner sa couche au plus vite, commande pour tous un pichet de vin de la Valteline. C'en est trop pour la journée. Il s'assoupit d'un coup, le nez sur la table. Ses compagnons s'amusent à l'idée de la tête qu'il fera quand il s'éveillera, seul dans la salle de l'auberge, et s'éclipsent en silence.

Dans la chambre à l'étage, Ladina s'éveille en toussant. Une épaisse fumée grise emplit la pièce. Elle suffoque et comprend aussitôt. Le feu ! Elle s'enveloppe dans son châle de laine et cherche la porte. La fumée est si dense que Ladina peine à se diriger. Elias ! Elias ! appelle-t-elle. Il ne répond pas. Peut-être est-il déjà dehors, parti chercher de l'aide. Dans la nuit noire, éclairée par les flammes jaunes cernées de rouge qui montent de la grange, Ladina est seule. Elle hurle. Elias ! Elias ! Est-il mort ? Car sa couche est installée près de la grange et c'est de là que jaillissent les flammes ! Mon Dieu, les vaches ! La porte de l'étable s'embrase avant que Ladina ait pu entrer. Les bêtes affolées meuglent désespérément. Ladina est au désespoir. Les habitants de la maison la plus proche accourent enfin avec leurs seaux. Le fils aîné se précipite vers l'église pour qu'on fasse sonner la cloche. Les villageois éveillés en sursaut forment déjà une chaîne depuis l'abreuvoir quand apparaît

Elias éberlué. Mais rien ne sert. Le feu gagne en force. Les flammes mêlent leur rugissement au sifflement du vent de Maloja, qui souffle en compagnie d'un foehn violent. Elles dansent sur les poutres, s'élancent, crépitent, enlacent le bois qui gémit et tombe en cendres.

Au petit matin, il ne reste plus rien. Ou presque. Toutes les vaches sont mortes. La récolte de grain et de fourrage, les meubles, les vêtements, la charrette, la charrue, les outils sont anéantis.

Qui a allumé le feu ? Un mendiant ? Un errant ? Un jaloux ? Quelqu'un qui voulait se venger ?

À force de ressasser les faits, on finira par comprendre que le feu s'est déclaré dans le foin, rentré trop humide, et qui s'est mis à fermenter. De nombreux incendies éclatent pour cette raison au XVIIIe siècle. Et puis il n'est pas impossible que la pipe d'Elias ait lâché une étincelle.

Comment la pauvre Ladina baignée de larmes va-t-elle annoncer la catastrophe à ses parents déjà bien éprouvés ? Il ne lui reste plus que ses yeux pour pleurer et ses bras pour travailler.

13.

Une odeur de brûlé alerte le nez de Johann. Il se précipite vers la poêle où il a mis à cuire de la bonne pomme reinette. Sauvée juste à temps !

Cousin Jacob lui a commandé un assortiment de pâtes de fruits. C'est qu'en décembre, le choix de produits frais est restreint. Pommes et poires, c'est tout. Mais Johann tient heureusement en réserve des gelées de cerises, mûres, prunes, groseilles, violettes, coings, framboises qui lui offriront la variété. N'empêche qu'il a failli laisser brûler la reinette, ce qui ne lui est jamais arrivé. Il faut dire que la lettre de son frère Daniel, reçue ce matin, ne cesse de lui remuer l'esprit, et qu'il n'a pas vraiment la tête à l'ouvrage, comme il se devrait. Heureusement, il était à ce moment seul dans l'atelier ! Sinon sa réputation aurait été bien entachée !

Au fond, Daniel et lui se connaissent peu, songe-t-il en remuant la pâte. Près de quatre années les séparent. Et ils ont si peu vécu ensemble… Surgissent alors à l'esprit de Johann des épisodes de l'enfance auxquels il n'a jamais pensé depuis. Son frère les contera en 1835 dans l'ouvrage « *Bière de mon tonneau*, offerte en trois langues par Daniel Josty » ! Et appréciée ! Car une nouvelle édition paraîtra en 1838.

Lorsque Michel et Barbla avaient quitté Sils pour vivre ensemble à Trieste, ils avaient confié les deux garçons à leur tante Chatrina, sœur du père, et son mari Gian Christ. Le couple sans enfant tenait au pied du Piz Bernina[1] une auberge qui, Johann s'en rend compte à présent, respirait l'aisance. Daniel avait un an. Trop jeune pour garder le souvenir de ses parents, il avait grandi en se prenant pour le fils de sa tante, qui le choyait… La pâte frémit. Il est juste temps de la retirer du feu et de la verser dans les moules de fer-blanc. Ceux en forme de cœur.

Plus de trois ans s'écoulèrent. Et le père fit faillite.

Deux jours après son retour de Trieste, Barbla se rendit chez Chatrina et apprit à Daniel, alors âgé de 4 ans, qu'elle était sa mère. Crise de hurlements chez l'enfant. Il courut se blottir dans le giron de sa tante, décidant ainsi de son propre sort. Puisqu'il aime être avec toi, et que tu t'en occupes si bien, veux-tu le garder encore ? proposa Barbla à sa belle-sœur. Johann, qui souffrait de la nette préférence de la tante pour Daniel, repartit vers Sils avec sa mère, tout content.

Les moules sont à présent tous remplis. La pâte de reinette prendra une belle couleur dorée après être passée dans l'étuve où Johann la dépose. Et maintenant ? s'interroge-t-il.

---

1. La chaîne de la Bernina s'élève entre l'Italie et la Suisse. Le Piz Bernina, couvert de neige éternelle, est le point culminant du massif, auquel il donne son nom.

" Des flots et des sous "

De la prune ! Car cousin Jacob lui a appris à faire chanter les couleurs des pâtes disposées sur un plateau ou empilées dans des bocaux. Et tandis que Johann délaie la gelée de prunes dans le sucre qu'il vient de cuire, la rêverie reprend. Cette lettre de Daniel, partie le 15 décembre 1789 du port français de La Rochelle, ne lui quitte pas l'esprit.

Elle est rédigée en un excellent allemand, songe Johann. La première lettre qu'il a reçue de Daniel, à l'automne 1787 – Dieu, que le temps a filé ! –, venue de Sils et tout aussi correcte, était écrite en romanche. Le garçon a de bons atouts dans sa manche !

Surgit le souvenir d'une conversation avec Daniel, en 1784. Vivant alors dans son vrai foyer, réconcilié avec sa mère qu'il aimait tendrement à présent, Daniel avait accompagné son frère sur l'alpage.

Comme si c'était hier, Johann l'entend raconter la stratégie mise en place par le gamin de 6 ans à peine pour s'incruster dans l'auberge au pied de la Bernina. Je me suis avisé qu'il me fallait être utile à mon oncle et à ma tante pour qu'ils aient envie de me garder avec eux, et je cherchais comment. Le dimanche matin, chacun lisait sa bible, car l'église était trop éloignée, puis ils la posaient sur la table. Un dimanche, j'ai vu que celle de la tante était en romanche, celle de l'oncle en allemand. J'ai aussitôt compris que, si chacun parlait les deux langues, aucun ne savait ni lire ni écrire dans celle de l'autre. Je me suis dit alors : Ah, si tu savais lire et écrire dans les deux langues, tu leur rendrais un fameux service ! Par les domestiques et les autres enfants du village, je me suis alors mis à apprendre l'alphabet, mais toujours en cachette de mon oncle et de ma tante afin qu'ils ne découvrent pas mon projet. Là-dessus la chance m'a favorisé. Imagine-toi que les parents des nombreux enfants des deux autres auberges ont décidé de prendre un maître d'école. L'oncle consentait-il à participer à la dépense pour moi ? Il a répondu que j'étais encore trop jeune. Or, il était le seul à disposer dans son auberge d'une pièce pouvant être dévolue à la classe ! Je m'y glissai chaque jour, mais restais silencieux puisqu'il ne payait pas pour moi.

Un jour, n'y tenant plus, je demandai à la tante de me donner un livre bilingue, ce qui la fit éclater de rire, et en classe priai le maître de me laisser y lire un passage dans les deux langues, à l'égal de ses élèves. Surpris de ma compétence, le maître courut chez ma tante lui faire part de cette espèce de miracle et lui demander de me laisser participer à la classe. Elle accepta. Plusieurs élèves étaient beaucoup plus âgés que moi mais je suis très vite devenu le premier, et le même hiver j'ai appris à écrire l'allemand et le romanche ! Peu après, la tante me dit : Viens donc me lire cette note que ton oncle a écrite dans le livre de comptes. Quelques jours plus tard, c'était au tour de l'oncle : Peux-tu transcrire en allemand le crédit que ta tante a fait pendant mon absence au vieux Sepp ? Très vite, tantôt l'un tantôt l'autre me demandait un service, et je devins l'interprète de la maison au lieu d'être un neveu à charge !

Johann ! appelle cousin Jacob qui arrive en trombe. Vois ces beaux marrons ! Tu m'en fais de la pâte ? Johann accepte avec joie. À l'inverse d'autres apprentis, aucune tâche ne lui paraît trop lourde ni trop longue. Laver les marrons puis les peler, les piler, les passer au travers d'un tamis. Ajouter de la marmelade d'abricots. Faire cuire le sucre, y jeter la pâte, la délayer et la verser dans les moules. Des carrés cette fois. Puis mettre à l'étuve. Autant de temps passé dans la joie de créer, mais son frère Daniel ne lui est guère sorti de l'esprit pendant le chapelet d'opérations.

Le gamin se levait tous les matins à 3 ou 4 heures, avec les domestiques, étudiait d'arrache-pied avant de se rendre en classe. Il put bientôt réciter par cœur des ouvrages entiers. Une grammaire en allemand et en italien. Le catéchisme en romanche. Des passages d'un abrégé biblique et quantité de cantiques en allemand. Ces lectures religieuses attirèrent son attention sur l'existence du diable. Il se mit à craindre d'en devenir le jouet, ce qui le conduirait une fois mort à rôtir en enfer. Le remède : se précipiter dans les bras de Jésus-Christ et lui plaire en tout. Il s'y employa avec son énergie coutumière et, quand il réintégra la maison familiale de Sils, ses parents s'étonnèrent de le voir à tout bout de champ se jeter à genoux dans un coin de la pièce pour se livrer à la prière. On en fera un pasteur, dit le père, sa mémoire le servira.

Les parents s'employèrent donc à trouver un ministre qui prendrait leur fils en apprentissage pendant deux ou trois ans, avant de l'envoyer dans une école adéquate, et ils s'accordèrent avec un pasteur de Brusio, à la frontière de la Valteline, non loin de la Bernina. L'homme fut très content de Daniel, et Daniel aurait été très content de l'homme aussi, si seulement il avait eu assez à manger. Il crevait de faim. Craignant de mourir, il s'échappa et rejoignit l'auberge de son oncle, non loin de là. Tout lui fut pardonné après son récit, et il regagna le foyer familial alors que Johann venait de s'enfuir. À pic pour réconforter et aider ses parents.

La nuit commence à tomber. Johann interrompt son travail pour allumer des chandelles. À son habitude, passe dans la maison avec l'allumette qu'il a enflammée dans la braise et quelques neuves pour la remplacer avant qu'elle ne lui brûle les doigts. Il sait que d'autres apprentis jalousent ce qui est devenu une prérogative. Mais que ne se sont-ils préposés à la tâche lorsque personne n'y pensait ?

Reinette jaune, prune violette, marron orangé, qu'ajouter pour les yeux ? se demande Johann. De l'angélique verte, si bonne pour les maux de poitrine ! La confire n'est pas une mince affaire, mais la difficulté plaît à Johann. Il possède par chance quelques tiges qui ont poussé à l'abri, les dernières de la saison, et s'y met. Il les effeuille. Les plonge dans l'eau fraîche pour les faire blanchir à gros bouillons jusqu'à ce qu'elles s'écrasent sous la main. Les retire du feu. Les jette à nouveau dans l'eau fraîche. Les épluche. Les rejette dans l'eau fraîche. Les égoutte. Les verse dans une terrine. Les immerge dans du sucre clarifié. Les abandonne à mariner ainsi pendant vingt-quatre heures. Il faudra ensuite les égoutter. Les arroser d'un sucre cuit à dix ou douze bouillons et tiédi, opération à renouveler durant quatre jours. Les égoutter encore. Faire cuire du sucre à grand perlé, y verser l'angélique, donner cinq à six bouillons couverts, retirer du feu, écumer puis enrober de sucre candi. Ces opérations prendront une petite semaine.

Qu'attaquer à présent ? La pensée de Johann est moins alerte que d'habitude, car la lettre de Daniel l'obsède. Il sortirait volontiers prendre un peu d'air, craint cependant de rencontrer Franz dans la rue. Johann porte toujours autant d'amitié à celui qu'il considère comme un grand frère, mais Franz a ces temps-ci la malheureuse idée de vouloir lui faire rencontrer sa sœur Marie, en lui vantant les joies de la vie à deux. Or Johann aime Ladina et n'envisage pas d'épouser une autre qu'elle. Il lui faudra trouver le courage de l'expliquer clairement à Franz sans le vexer.

Fatigué pour être resté debout tout le jour, il se pose quelques instants sur un escabeau. Où Daniel l'accompagne.

Après s'être remplumé grâce aux bonnes victuailles servies par la tante et l'oncle, Daniel revint donc à Sils, chez ses parents. Ceux-ci lui pardonnèrent et décidèrent qu'il partirait pour l'étranger afin d'y gagner sa vie. Peu de jours après, ils apprirent que les frères Saratz, originaires de Pontresina, cherchaient un apprenti pour leur café Dauphin à La Rochelle. Accord fut pris. Daniel a quitté Sils à la fin du mois de mars, et atteint La Rochelle le dernier jour d'avril. Parmi ses compagnons de marche, se trouvait Andrea Puonz, le vieil ami de Johann, qui après de mauvaises récoltes dans le champ d'orge de Silvaplana, a lui aussi été contraint de quitter Sils pour l'atelier d'un confiseur de La Rochelle. Andrea était loin de s'en douter, songe Johann, quand je lui ai laissé le message pour Ladina !

Un moment incrusté dans sa mémoire comme s'il datait d'hier. Apparaît Ladina. Qui lui adresse un sourire confiant. Il s'aperçoit alors qu'il la voit toujours sous son aspect de fillette ! Mais elle a sûrement changé d'aspect depuis ce jour-là. A-t-elle forci ? Grandi ? Et l'expression de son visage ? Qu'il aimerait voir Ladina !

Assez lambiné ! se morigène soudain le jeune confiseur en bondissant sur ses pieds. Le rouge de la cerise fera chanter les autres couleurs. Allons-y pour la cerise ! En cette saison, il faut malheureusement procéder avec de la gelée. La pâte sera moins goûteuse qu'avec l'emploi de beaux bigarreaux à la chair croquante, mais la couleur y sera.

Daniel a l'air de se plaire à La Rochelle. Nettoyer les salles et laver les tasses ne l'ennuie pas trop, mais il préfère bien sûr servir au café. C'est une année bizarre, écrit-il, le pays est sens dessus dessous. Le roi a convoqué des états généraux en avril, et des émeutiers ont le 14 juillet pris d'assaut la prison de la Bastille à Paris, qui d'ailleurs était défendue par des Suisses et des Allemands. Comme il semble que les gens d'ici n'ont rien d'autre à faire que de fréquenter les clubs et les cafés pour débattre, car la révolution a mis les esprits en fermentation, le travail ne manque pas.

Six mois après son arrivée à La Rochelle, Daniel lisait couramment le français. Son secret : à peine avait-il une minute de libre qu'il happait l'une des nombreuses gazettes proposées aux clients dans le café. Bref, il a si vite progressé en tous domaines que ses patrons lui ont déjà confié une place de garçon ! Johann peut être fier de son jeune frère.

Lui aussi, grâce à Franz, a fait des progrès en français, même s'il ne le parle pas couramment. Il s'amuse à l'idée que Daniel et lui pourront s'entretenir dans cette langue à leur prochaine rencontre. Qui sait dans combien d'années ?

Johann ne détesterait pas lui rendre visite à La Rochelle. Il tente d'imaginer la mer. Le vent du soir en apporte l'odeur dans le café sis place Barentin, presque sur le port, a précisé Daniel enchanté.

Continuant à dévider en esprit la lettre de son frère, Johann se souvient tout à coup d'avoir été appelé par cousine Eleonore avant d'avoir lu la dernière page ! Il ne se serait pas permis de la faire attendre, fût-ce quelques secondes. Range-moi ces bocaux sur les étagères ! Tu as la bonne taille, maintenant, s'est-elle réjouie. Plus besoin d'escabeau. Et tu ranges les bocaux si joliment ! Puis il a été happé par d'autres tâches. C'est vers 11 heures du soir, juste avant d'aller se coucher, qu'il reprend sa lecture.

« Avant de quitter Sils, écrit encore Daniel, j'ai rencontré Ladina. La pauvre était bien éplorée par l'horrible événement. Mais sais-tu, au fait, que la ferme de ses parents a pris feu ? Qu'elle était seule dans la maison la nuit où l'incendie s'est déclaré ? Elle a heureusement eu la vie sauve, mais tout a brûlé et il lui reste encore une grande frayeur. Ils n'ont plus rien, sauf le troupeau que gardait Peider sur la montagne. Comme Ladina doit à présent gagner son pain, elle s'est placée comme servante chez Julius Curtin, l'ardoisier de Fex. Il vient de perdre sa femme et reste avec deux petits enfants. »

Dieu ans perchüra ! s'écrie Johann en songeant à la douleur de Ladina. Ô mon Dieu ! Ses yeux se brouillent. Son cœur toque violemment dans sa poitrine. L'ardoisier ! Il ne connaît pas cet homme. Il aimait la pierre d'ardoise, il la déteste soudain. Il revoit la cabane devant laquelle il s'asseyait en guettant l'instant, Peider reparti, où Ladina reviendrait, souriante. Où ils ont vécu tant d'instants complices. Et cette cabane d'ardoise à reflets roses ou verts, qui était alors pour lui symbole d'espoir, il la voit grise à présent, lourde de tristesse et de menaces. Il faut, il faut *absolument*, qu'il aide Ladina. Il va lui écrire, c'est sûr, lui affirmer son soutien. Lui dire qu'il l'aime plus fort que jamais. Mais comment l'aider financièrement, lui qui ne possède rien ?

« *Arevair, sto bain !* » a écrit Daniel au bas de sa lettre, en clin d'œil au pays de l'enfance. Au revoir, porte-toi bien.

14.

Arevair, sto bain! murmure à son tour Johann à la sortie de Magdebourg. Nous sommes en juillet 1790. Il a 16 ans.

L'Elbe majestueux coule entre deux forêts de sapins, transportant des bateaux de tous les pays voisins qui ont embarqué ou débarqué des marchandises dans le port. Johann songe au chemin parcouru depuis qu'il a rencontré ce fleuve. En traversant le pont qui mène sur l'autre rive, il pense avec gratitude à Emil le pêcheur et son fils Otto. Ne lui ont-ils pas permis, cinq ans plus tôt jour pour jour, de forcer l'entrée de la ville ? Il les a peu rencontrés pendant ces années, par manque de temps, mais l'affection qui les unit reste vivace. D'ailleurs il est passé ce matin dans la maisonnette pour les saluer avant son départ. Otto apprend le métier de pêcheur avec son père. Louise a toujours son sourire lumineux. La fillette babille comme une pie affairée.

Les rayons du soleil s'infiltrent entre les hautes têtes pyramidales des sapins. Johann progresse tantôt à travers champs, tantôt sur des étendues sablonneuses ou entre des bruyères immenses, follement heureux de sentir l'odeur des fleurs, de la terre humide et de l'herbe écrasée. Il se remémore à tout instant sa course échevelée de Sils à Magdebourg. Grâce à laquelle il a pu faire son chemin. Mais qu'il est bon de marcher aujourd'hui au rythme qui s'invente, guidé par son exigence interne ! Il sent maintenant combien, enfermé pendant ces années au sous-sol de la *Zuckerbäckerei*, il a été privé d'air pur après sa libre existence de chevrier. Sachant que la nostalgie pouvait lui être fatale, il refusait d'y penser. Écouter à présent le chant des oiseaux ou des insectes et respirer à pleins poumons l'air parfumé sont des jouissances infinies.

Il n'est plus un va-nu-pieds. Il porte aujourd'hui de bonnes chaussures, une culotte et une veste de toile grise sur une chemise blanche, un chapeau. Il lui faudra donc trouver, pour quelques florins, une grange où passer la nuit. Ses vêtements pâtiraient s'il dormait sur le sol. Il n'a plus à courir, bien qu'il marche d'un bon pas, car traînasser n'est pas dans sa nature. Cependant il prend son temps. Il admire les champs de blé, hume l'odeur de soupe qui s'échappe des cheminées, observe la vie des villages de Prusse, si militaires. Casernes et écuries contiennent des troupes sans cesse exercées et une cavalerie toujours prête.

Johann ne part pas, cette fois, vers un monde complètement inconnu. Les De Winter ont récemment reçu un cousin berlinois, Adolf Schneider, en route vers la France. Pressé par Franz, M. Schneider s'est fait une joie d'aider Johann à préparer son voyage.

La vieille besace qui pend à son épaule, avec la houlette restée à Magdebourg, sont les deux seuls objets qui le relient à son passé. Dans la besace, il a serré son linge, du pain, du fromage, un saucisson, des biscuits, des amandes grillées à la cannelle, des pâtes de fruits à la cerise et surtout son cahier de recettes, dont il ne se séparerait pour rien au monde. Hormis ses vêtements, et les lettres de Daniel, laissés dans la toute petite pièce qu'il occupe seul depuis que Franz l'a libérée, il ne possède rien d'autre.

Johann marche vers Berlin. Ce voyage n'est pas attesté, mais il est impossible que le jeune homme ne se soit pas rendu au moins une fois dans la capitale de la Prusse, compte tenu des événements qui jalonneront sa vie.

L'apprentissage est maintenant terminé. Johann a pris une semaine de congé pour se changer les idées et construire son avenir. Cousin Jacob tient à sa disposition l'argent qu'il lui doit pour les cinq années écoulées. Johann a juste prélevé la somme nécessaire au voyage. Le confiseur a promis de lui apprendre, dès son retour, comment placer et faire fructifier son bien.

Eleonore et Jacob ont offert à Johann de continuer à travailler chez eux, pour eux. Il héritera de la boutique à leur mort, ont-ils déclaré, mais à deux conditions. Premièrement, avoir jusqu'alors versé une part de son salaire d'ouvrier à titre de participation. Secondement, conserver l'enseigne Jacob Josti, Zuckerbäcker. C'est tentant, mais Johann refusera. Pas question de rester si longtemps le valet d'Eleonore.

Qu'il était naïf ! Il avait pris jusqu'à peu de temps cousine Eleonore pour la plus charmante des femmes. Maintenant, ses yeux sont dessillés. La première image qu'il a eue d'elle, avec sa voix glaçante, était la bonne. Oui, Jacob est autoritaire, fort en gueule, mais c'est elle qui tient les cordons de la bourse et qui, avec sa tête et ses manières de sainte-nitouche, dicte ses volontés. Elle flatte pour obtenir ce qui lui importe. Elle donne beaucoup d'ordres mais ne met jamais la main à la pâte. Elle calcule en permanence ce qui vaut le mieux pour elle. Ça se voit sur son visage. Elle est comédienne, mais pas assez pour cacher ses calculs. Elle prend les autres pour des imbéciles et, se croyant supérieure, pense les tromper avec ses bobards. Elle ajoute des « moi » dans toutes ses phrases. « Balaie-moi, apporte-moi, fais-moi, va me chercher. » Elle ne sait rire que sur le dos des autres. Oui, Johann en a soupé d'Eleonore. Il restera encore quelques années l'ouvrier de cousin Jacob, il épargnera sou par sou comme il a fait jusqu'à présent, quitte à vivre comme un chien, et ensuite il ouvrira sa propre boutique. Mais où ? Un énorme soupir gonfle son cœur déjà si lourd.

Il a un temps caressé l'idée de s'établir en France. Mais, d'après ce que raconte Daniel, le pays n'est guère alléchant par ces temps. Il s'y passe une grande révolution. Émeutes. Massacres. Dans les campagnes, les paysans attaquent les châteaux des seigneurs pour brûler les preuves de leurs titres de noblesse. Il y a aussi des exactions contre les protestants. Fusillés et égorgés, a écrit Daniel. C'est peu engageant.

Quant à la ville de Berlin, elle abrite une importante colonie de huguenots qui vivent en bonne entente, à droits civiques égaux, avec les autres Prussiens. Johann a souvent pensé s'établir un jour dans la capitale. Des rêveries lui faisaient voir Ladina porter des friandises à la reine de Prusse. Mais ce rêve s'est écroulé avec la dernière lettre de Daniel. Johann retient ses larmes. Ladina va se marier avec l'ardoisier qui l'emploie comme servante. Daniel le lui a écrit. Les mots dansaient devant ses yeux. Il était tétanisé de douleur, il suffoquait. La vie n'est-elle qu'une succession de coups ? Impossible de prévoir d'où ils viendront. Pour le père, c'était Trieste. Il ne s'en est jamais remis. Aux dernières nouvelles, il souffrait des poumons. Il avait de la fièvre. Il crachait le sang. Mais il est solide. On peut espérer qu'il s'en sortira.

Ne pas se laisser faire, jure Johann, qui revient au présent. J'irai de l'avant, je me battrai comme un lion et je réussirai. C'est la seule réponse possible. Sous peine de finir en épave tels deux apprentis qu'il a vu sombrer.

Il avait d'abord pensé prendre un mois de congé. Retourner à Sils, revoir sa mère, son père, son petit frère Michel… Malgré la forte dépense, il aurait parfois loué un cheval de poste pour raccourcir la route. Mais la perte de Ladina est trop fraîche, il ne supporterait pas de la voir au bras d'un autre. Il y a si peu de temps qu'il rêvait encore de vivre avec elle, pour la vie entière, à l'égal de Franz et Christine, dans un logis qu'habitent l'amour et la paix. Il refoule ses larmes.

La marche rapide empêche de trop penser. Le deuxième jour, Johann approche de Potsdam. Suivant l'exemple de son frère Daniel, il a pris l'habitude de lire chaque soir la gazette à laquelle est abonné cousin Jacob. Et il a beaucoup appris. Notamment à différencier tous ces rois de Prusse qui s'appellent Frédéric, Friedrich, ou Guillaume, Wilhelm, voire les deux. Il sait que Frédéric Guillaume I de Prusse, surnommé le Roi-Sergent, habitait une résidence campagnarde très simplement meublée à Potsdam, qui devint la vraie capitale. Son fils Frédéric II, dit Friedrich der Große[1] et affectueusement surnommé le vieux Fritz, y construisit une résidence royale, le château Sans-souci, afin de fuir les solennités de la cour berlinoise. Ce qui ne l'empêcha pas d'y bâtir aussi le Nouveau Palais à la fin de la guerre de Sept ans, pour célébrer les succès de la Prusse. L'actuel roi Frédéric Guillaume II, son neveu, réside officiellement à Berlin et mène à Sans-souci, bien que marié à la reine Frederika, une vie amoureuse fertile en rebondissements et riche en rejetons. En même temps, il érige un palais de marbre dans ce même Potsdam. La visite de ces splendeurs, et celle de l'île des Paons, Johann les remet à une autre fois. Par curiosité, il fait juste quelques pas dans la ville.

Après avoir passé un pont, il débouche sur une large avenue bordée de grands et beaux ormes. De hautes maisons cossues présentent autant de façades différentes. S'arrêtant devant l'une d'elles, il en voit sortir un régiment de gardes partant à l'exercice. C'est donc une caserne. Mais au rez-de-chaussée surmonté de bas-reliefs travaille en sifflant un cordonnier, fenêtre ouverte ! Contraste qui plaît beaucoup à Johann. Ne pas s'enfermer dans des cadres rigides, se jure-t-il. Se souvenir de la caserne et du cordonnier. Inventer, bousculer.

1. Frédéric le Grand.

Il lui semble avoir trouvé là une indication importante sur la vie qu'il veut mener.

À la fin de la journée, il voit enfin Berlin surgir du désert de sable, aride et plat, qu'il a traversé à grande vitesse. Puis la végétation éclate, rafraîchissante. Pressé d'arriver, Johann file comme un lapin devant l'imposant château de Charlottenburg, détale dans l'allée du parc qui porte le nom de Thiergarten, comme on l'écrit alors, le Tiergarten d'aujourd'hui. Autrefois une réserve de chasse, lui a appris M. Schneider, le cousin de Franz. Le Berlinois, un savant, lui a si bien expliqué la topologie des lieux que son chemin se dessine clairement devant lui.

Johann s'engage dans une fraîche allée bordée d'arbres et de haies, débouche sur une grande place d'où partent neuf allées semblables. Il sait qu'il doit continuer tout droit et il le fait, ignorant les tentes et les maisonnettes qui proposent des rafraîchissements aux nombreux promeneurs.

Il gagne enfin une porte de la ville de Berlin, soulagé d'atteindre son but. Celle-ci, c'est la porte de Brandebourg, Brandenburger Tor. Elle est en travaux. On y élève un édifice composé de hautes colonnades. Elle ressemblera à la porte d'Athènes qui conduit au Pirée, a indiqué M. Schneider.

Cependant s'ouvre devant les pas du voyageur Unter den Linden, une belle allée de tilleuls odorants, semée de bancs, luxueusement couverte d'une couche de gravier, pourvue de seringues d'arrosage et de réverbères. Johann s'arrête quelques instants devant l'auberge Goldene Sonne, où carrosses et chaises à porteurs déposent des personnes superbement vêtues qui viennent dormir ou souper. Le faste qui se dégage de ces scènes l'impressionne. Il s'en arrache à regret.

Berlin s'ouvre devant lui comme la mer Rouge devant Moïse, car son chemin l'engage tout droit sur le pont royal qui traverse la Spree, de là sur la Schlossfreiheit, la place qui s'étend devant le majestueux palais royal. Il y reviendra, se promet-il. Le plus urgent est à présent de contourner l'édifice pour atteindre la partie la plus ancienne de la ville, où s'élève la Nikolaikirche, l'église Saint-Nicolas. C'est par là, dans une rue sombre et tortueuse menant au marché aux herbes que, d'après M. Schneider, pour trois groschens la veuve Wolf lui louera une chambre et lui servira le repas de midi : une soupe et des légumes garnis de viande.

Des mèches grises s'échappent du bonnet de la logeuse, aussi noueuse qu'un cep de vigne. Elle lui jette un regard suspicieux, l'examine de pied en cap et prend le temps de racler ses poumons avant de le laisser entrer. Une odeur rance et fétide blesse l'odorat de Johann, mais il ne fera pas le difficile. Oui, grince enfin la dame, j'ai une chambre à louer. Faudra payer la chandelle en sus. Trop content, Johann accepte. Punaises en sus, aurait également pu avertir la logeuse.

M. Schneider a révélé à Johann qu'il n'existe pas à Berlin d'aussi belle *Zuckerbäckerei* que celle de cousin Jacob à Magdebourg. Le jeune homme tient néanmoins à le vérifier par ses propres yeux. Les jours suivants, il arpente les rues à la recherche des lieux où se pratiquent ce que nous nommons aujourd'hui les métiers de bouche. Débits de boissons. Gargotes et bouillons. Traiteurs, cabarets de vin. Cafés où l'on joue au billard, jardins où l'on sert du café. Petites confiseries. Aucune boutique, en effet, ne ressemble de près ou de loin à celle de cousin Jacob. Une joie profonde saisit Johann. Pourvu que personne ne s'empare de l'idée dans les cinq prochaines années !

Un seul jour lui reste pour mieux connaître la ville. Il devrait la parcourir à grandes enjambées, en tous sens, afin de trouver l'endroit qui accueillera le mieux son projet, mais soudain la pensée de Ladina l'obsède à nouveau, lui paralyse les jambes, et il ne peut que traîner autour du palais royal. Sur le pont. Devant le château. Là où il imaginait Ladina apporter des friandises à la reine de Prusse. Le cœur gros, il voit carrosses et chaises à porteurs s'aligner sur la place du Château, devant la Stechbahn. Cette rue borde l'emplacement d'une ancienne place de tournoi, d'où son nom. De belles maisons s'y élèvent. Au rez-de-chaussée, des boutiques s'alignent sous des arcades. Une chance, ces arcades ! Car soudain la fatigue s'abat comme une averse d'été sur Johann, qui n'a guère pris de repos ces derniers jours. De plus, le soleil tape si fort aujourd'hui ! Il se laisse tomber sur le sol, adossé à un pilier, et déguste l'ombre bienfaisante, vaguement étourdi, le cerveau ramolli. Il reste longtemps ainsi, à peine distrait par les allées et venues des privilégiés qui roulent en berline – véhicule hippomobile dont il découvrira que son nom provient de la ville de Berlin où il fut fabriqué vers la fin du XVIIe siècle par un Piémontais pour le prince Frédéric Guillaume, électeur de Brandebourg – ou empruntent une chaise à porteurs. Et c'est là que, prenant sur lui, cherchant des forces nouvelles, imaginant l'avenir, il comprend qu'il lui faut faire le deuil de l'amour de Ladina, oublier la jeune fille au doux visage de faon et aux yeux noisette s'il veut rester maître de sa vie.

Cependant il ignore encore que, de retour à Magdebourg, il lui faudra faire un autre deuil.

Une lettre de Barbla l'attend.

Michel, le père, a quitté le monde des vivants.

15.

Deux ans plus tard, à Sils, c'est au tour de Ladina de pleurer le décès de son père. Sa jambe le faisait souffrir en permanence depuis l'accident au cimetière de Celerina, couronné par l'incendie de la ferme. Il a pu vendre un champ, acheter une petite maison avec une étable juste assez grande pour le troupeau que gardait Peider. Que ses dernières années ont été tristes !

Ladina soupire en lavant un à un les petits carreaux d'une fenêtre. La mort de son père lui déchire le cœur, même s'ils ont eu de nombreux différends, mais ce n'est pas tout. Elle est, pour la première fois, en désaccord avec Julius, son époux. Jusqu'à présent, elle a toujours dit oui à tout, trop contente de son sort dans la grande et belle maison bien blanchie, aux pièces tapissées de l'odorant bois d'arolle. Il ne lui coûtait pas de s'en occuper, de veiller à la rendre toujours pimpante, ni d'élever les deux garçonnets de son mari, orphelins de leur mère, deux et trois ans. Mais elle attend maintenant un enfant, son enfant à elle. Le bébé naîtra dans six mois. Elle voudrait commander un berceau neuf. Julius refuse. L'ancien berceau suffira, dit-il. Il est au grenier. T'as qu'à le nettoyer et ça sera parfait.

Ladina aurait aimé fêter l'arrivée de son enfant en lui offrant un berceau préparé pour lui, commandé à son frère. Peider travaille l'hiver chez le menuisier mais ne sait s'il pourra continuer, faute d'ouvrage. Peider et Ladina ont déjà choisi le modèle. Charpente en bois de noyer, marqueterie de châtaignier. Montants percés d'un cœur. Peider est très doué.

Au début, Julius était généreux, songe Ladina en frottant d'un chiffon nerveux le haut meuble carré qui descend du plafond, aux parois artistiquement ajourées. S'ouvrant à la manière d'une armoire, il abrite le poêle qui en hiver répand la meilleure chaleur du monde. Il faut reconnaître que celui des parents chauffait moins bien... Julius a offert à Ladina une bague sertie de trois grenats, des boucles d'oreilles en or, une robe de soie qu'elle a étrennée le jour de son mariage, deux autres pour le quotidien, un châle. Mais Julius est de mauvaise humeur, ces temps-ci. Il dit non à tout et parle à peine depuis qu'à l'auberge il s'est fâché avec son frère Tomas. Des disputes comme celle-ci, politique, ne devraient jamais diviser une famille.

Un soir d'avril 1792, Julius est revenu blême. De mauvaises nouvelles étaient arrivées de France. Le roi Louis XVI venait de déclarer la guerre à la maison d'Autriche. Ici, dans les Grisons, se sont aussitôt réveillées de vieilles querelles de la guerre de Trente Ans – un conflit d'il y a cent cinquante ans ! –, lorsque Français et Autrichiens s'étaient violemment affrontés pour le contrôle des cols alpins, et que le peuple s'était divisé, prenant parti pour l'une ou l'autre puissance. Julius ne jurait que par l'Autriche et son frère Tomas s'était inscrit chez les Patriotes, le parti des Français. Ils en étaient venus aux mains. Et puis Ladina ne comprend pas le choix de son mari. Il a rejoint les catholiques du côté de l'Autriche, alors que les protestants soutiennent la France. Et que le parti des Français, inspiré par leur Révolution, professe des idées bien plus nouvelles. Qu'est-ce que cela peut cacher ? Des liens commerciaux ? Julius ne parle jamais de ses affaires à Ladina. D'une certaine façon, même avec la bague au doigt et un enfant dans le ventre, elle reste la servante.

Elle soupire. Elle s'avoue qu'elle est bien contente de savoir Julius parti en voyage pour deux ou trois jours. À Chiavenna, a-t-il dit. Pour y faire quoi ? Mystère.

L'émotion la submerge encore, bien malgré elle, lorsque Gian surgit dans ses pensées. Ah, si elle avait pu attendre quelques années de plus, si le père ne s'était pas cassé la jambe, si la ferme n'avait pas brûlé… Avec Gian, maintenant Johann, ils auraient tout commencé ensemble. Ils auraient ensemble appris la vie, avec ses creux et ses bosses. Ensemble. Ladina garde parmi ses petits trésors la lettre qu'il lui a écrite après l'incendie. Si pleine de tendresse et de délicatesse. Il mérite vraiment de réussir. Qu'elle aurait aimé gagner cette réussite avec lui ! Mais on ne refait pas l'histoire. Il faut accepter ce que le ciel nous envoie. Le bien et le mal. Or, n'arrive-t-il pas, songe Ladina qui se veut vaillante, que ce qui nous paraît être un mal soit en fait un bien ?

Et si elle s'enfuyait ? Et si, bravant le scandale, elle partait rejoindre Johann ? Barbla lui a dit qu'il a terminé son apprentissage. Il gagne sa vie, à présent. Ladina pourrait trouver un emploi de serveuse dans une auberge. Le travail ne lui fait pas peur. Son cœur bat comme un tambour tandis que le projet se forme dans son esprit. Une femme seule sur les routes, c'est risqué. Il lui faut se déguiser en homme. Par chance ses seins sont menus. N'a-t-elle pas vu des hardes au grenier ? Elle grimpe l'escalier à toute vitesse. Oui, dans ce coffre vermoulu ! Cette vieille culotte de drap fera l'affaire. Reste à trouver une veste, un chapeau pour cacher ses cheveux, une besace pour emporter quelques provisions…

Mais soudain des pleurs d'enfant. Les deux chenapans ont terminé leur sieste. Ladina rabat tristement le couvercle du coffre. Elle ne sait à qui confier les garçons, et ne peut se résoudre à les abandonner. Anton, réfléchi, si mignon avec ses cheveux blonds et bouclés, Ulrich qui ne demande qu'à rire et s'amuser. Ils ressemblent à leur mère. L'enfant de Ladina lui ressemblera-t-il aussi ?

Compote de châtaignes ! Compote de châtaignes ! exigent les petits tyrans.

16.

Un crépuscule doré tombe sur Berlin. Et si on faisait de la compote de châtaignes, dit Johann à Andrea, en regardant par la fenêtre tourbillonner les feuilles d'automne. Tu te souviens, quand tu venais en manger chez ma mère, après l'école ? Andrea hoche la tête, attendri, avant de baisser le volet de la boutique qui, à l'adresse Stechbahn Nr. 1, affichera dans une semaine l'enseigne Zuckerbäckerei Johann Josty & Co.

Bien sûr, cela ne s'est pas réalisé en un jour. Nous sommes à présent en 1796.

Revenu à Magdebourg après sa semaine berlinoise, Johann était décidé à s'établir un jour dans la capitale de la Prusse. Il a donc continué à épargner sou par sou. Lorsque plus tard Anna, la bouquetière, est devenue son amoureuse, il lui offrait des confiseries, en abondance et par lui-même fabriquées – par chance elle était hautement gourmande –, afin de lui témoigner son attachement. Pour seules distractions, à part la fréquentation de son amie, il lisait tout ce qui lui tombait sous la main et correspondait avec son frère Daniel, dont l'ascension le flattait. À 17 ans, Daniel n'était-il pas devenu le directeur à La Rochelle du café Dauphin qui l'avait embauché ? Et à 18, en supplément, le propriétaire d'une fabrique de liqueurs et de plomb en grains ?

En service, Daniel écoutait tout ce qui se disait, se gardant bien d'exprimer sa pensée. Il réservait son opinion pour les moments passés en compagnie d'Andrea Puonz, le fils du cordonnier de Sils, ami de Johann, employé d'un confiseur établi au centre de La Rochelle. Ces moulins à paroles qu'étaient les Français en ces années de révolution les éberluaient. Il n'est pas rare, avait écrit Daniel, que toutes les personnes de la salle parlent à la fois, dans ce temps où chacun semble avoir obtenu un brevet pour dégoiser.

Les garçons étaient partagés. D'un côté, ils réprouvaient les malheurs et les crimes engendrés par la Révolution, d'un autre, ils en approuvaient certains aspects. Ainsi la devise : « Liberté, Égalité, Fraternité », qui leur touchait le cœur. Leur déception fut d'autant plus cruelle par la suite. Pour ceux qui se servent le plus de ces mots et crient le plus haut, s'indigna en 1793 Daniel répugné par l'usage de la guillotine et le meurtre de Louis XVI, leur but n'est que d'arriver aux premières places et de favoriser leurs intérêts. Quant au bien général, peu y pensent. Leurs projets égoïstes ont amené le règne de la Terreur, soit le régime le plus fertile en crimes qui ait jamais existé.

Menacé par la tournure des événements, le patron peu républicain de Daniel décida de retourner en Engadine, et lui confia la direction du café Dauphin. Le garçon l'aurait volontiers suivi hors de France. Le retinrent le désir de contenter cet homme de cœur, la satisfaction de gagner l'argent qui lui permettait d'envoyer quelques cadeaux à la tante et à l'oncle autrefois si généreux, et de secourir sa mère, restée seule avec Michel, le frère aveugle. Il éprouvait à présent la plus vive tendresse pour Barbla. Cependant Andrea, peu satisfait de son employeur et n'ayant établi aucun lien à La Rochelle, comptait quitter le pays à son tour. Il attendait l'occasion. Andrea a terminé son apprentissage et se montre un excellent ouvrier, écrivit Daniel à Johann.

L'avis fut entendu et ne resta pas longtemps sans réponse. Par retour de courrier, Johann pria son frère de lui donner l'adresse d'Andrea. Se dépêcha ensuite d'écrire à son vieil ami de Sils. Andrea répondit qu'en effet il désirait quitter la France, mais n'avait pas encore choisi sa destination. Je vais m'installer à Berlin, lui apprit alors Johann. Et si tu t'associais avec moi ? Cela se fit ainsi, dans l'enthousiasme, après plusieurs échanges de lettres. Puonz, qui une fois en Prusse décida de s'appeler Ponz, apporta un quart de participation. D'où l'enseigne Zuckerbäckerei Johann Josty & Co.

Cinq ans étaient passés depuis le bref séjour de Johann à Berlin. Dix ans depuis le départ de Sils. Il était temps de se lancer.

Lors des adieux, cousine Eleonore grinça qu'il se montrait bien ingrat, mais cousin Jacob lui souhaita la plus belle réussite. Anna, la tendre bouquetière, versa des larmes. Elle aurait suivi Johann s'il ne lui avait pas fallu s'occuper de ses vieux parents. Ayant également salué l'ami Franz et la famille de pêcheurs, qu'il était triste de quitter, Johann reprit la route de Berlin. Ville où il ne connaissait absolument personne. En voiture de poste cette fois, emportant un bagage. Et fort du gain accumulé comme apprenti puis comme ouvrier, géré avec parcimonie, voire avec lésine.

Chemin faisant, Johann lut la gazette offerte par cousin Jacob, et particulièrement les articles concernant la France, pays pour lequel il continuait d'éprouver la plus vive curiosité.

Un article évoquait les conséquences de la Révolution. Ivres d'eux-mêmes, les révolutionnaires étaient persuadés qu'une guerre victorieuse exporterait leurs principes en Europe. Le roi Louis XVI, aiguillonné par l'Assemblée législative, avait donc déclaré en avril 1792 la guerre à la maison d'Autriche. Avec des ricochets jusqu'à Sils ! songea Johann. Mais le roi de Bohême et de Hongrie, chef de la maison d'Autriche, se rapprocha du roi de Prusse ! Une alliance que les Français n'avaient pas imaginée. Aussitôt, les armées prussiennes et autrichiennes envahirent la France. Loin de s'attendre à la déculottée que les Prussiens allaient prendre à Valmy au chant de la Marseillaise ! Et nouvelle victoire pour les Français quelques semaines plus tard à Jemmapes, possession autrichienne ! Là-dessus, l'exécution de Louis XVI inquiéta les souverains étrangers. De plus, l'Angleterre ne put accepter la mainmise de la France sur la Belgique, par où transitait une grande partie de son commerce avec l'Europe. Elle monta donc une coalition contre la France. Y participaient l'Autriche, la Prusse, l'Espagne, la Hollande, Naples et le Portugal. Défaites et victoires se succédèrent de part et d'autre.

L'auteur de l'article que lisait Johann s'était attardé sur la ville de Toulon, ouverte en 1793 aux Anglais par la fraction royaliste de ses habitants. Le jeune capitaine Napoléon Buonaparte avait surpris aussi bien l'ennemi que ses frères de la Convention, le régime politique alors en vigueur, en reprenant au mois de décembre la ville aux Anglais et aux Espagnols. Il repartit général, ayant conquis quatre grades en quatre mois.

Au début de l'année 1794, la France était férocement déchirée. Par les guerres extérieures, et intérieures. Dégoûtés de la Terreur, des députés de la Convention arrêtèrent en juillet Robespierre et ses proches, puis les guillotinèrent. Une variante de l'arroseur arrosé. Fin de la Terreur, mais non des affrontements. Les royalistes parisiens fomentèrent une insurrection, réprimée avec énergie par le jeune général Buonaparte, encore lui. La nouvelle Constitution mit en place un nouveau régime, le Directoire. Et récompensa une nouvelle fois Buonaparte en lui confiant, en ce récent mois de mars 1796, le commandement de l'armée d'Italie qui se proposait de traverser l'Italie du Nord pour défaire l'Autriche.

Quelle ascension, ce Buonaparte ! s'émerveilla Johann, rêvant de l'imiter dans son propre domaine, celui de la confiserie.

Le lendemain de son arrivée à Berlin, logé une nouvelle fois chez la veuve Wolf et sa compagnie de punaises, Johann se mit à la recherche d'un bon emplacement pour sa boutique. Il se promena d'abord dans les rues larges et bien alignées, où chaque maison était comme un palais, puis soudain fonça vers la Stechbahn, avec ses arcades surmontées de beaux étages, comme piqué par un aiguillon. C'était un dimanche. Il avait à peine observé le manège des berlines de location et des chaises à porteurs, au cœur d'un lieu de passage obligatoire pour une clientèle aisée, lorsque soudain retentirent de forts roulements de tambour. La parade dominicale débutait sur la place voisine, devant le château royal.

Défilèrent en tenue d'apparat, habit en divers tons de bleu à parements de toutes couleurs et culotte blanche, les tambours, les grenadiers et les mousquetaires, les hussards en habit noir et arborant une tête de mort sur leur coiffure, les cuirassiers vêtus de jaune et les dragons sur leurs chevaux piaffants. Une symphonie de couleurs et de bruits. Les enfants criaient de joie, les spectateurs applaudissaient à tout rompre. Puis l'on se dispersa, militaires et spectateurs… jusqu'au dimanche suivant.

C'est ici qu'il faut un *Zuckerbäcker* ! se décida Johann, envahi par une intense bouffée de bonheur. Les gens feront leurs emplettes le dimanche avant de retourner dans leurs foyers ! Et ils prendront l'habitude de revenir en semaine, quand ils viendront chercher une berline ou une chaise à porteurs !

Le confiseur dormit à peine de la nuit, remonté comme une pendule. Le jour était à peine levé, lorsqu'il se rendit à nouveau dans la Stechbahn. Le ciel l'accompagnait !

Car il aperçut justement un local à louer sous les arcades ! N'avait-il pas distingué le calicot la veille ? Ou venait-on juste de l'accrocher ? Cela paraissait presque inespéré. Au numéro 1, à côté d'une librairie, commerce que Johann savait fréquenté par des clients aisés ! Et d'un marchand d'argent haché, de l'argent à petites entailles destinées à faire mieux tenir l'or ou l'argent appliqué, tels ces flambeaux dont il décida aussitôt qu'ils décoreraient sa boutique. Non loin, une fabrique de fleurs de soie fréquentée par des élégantes.

Quelques heures plus tard, il visitait le local. Idéal ! La boutique n'était ni trop petite ni trop grande, donnait sur une pièce qui formerait un vaste atelier. Et plusieurs caves en sous-sol permettraient une bonne organisation. L'une se prêterait très bien à la construction de l'étuve en briques.

Le jour suivant, Johann attendit avec impatience l'arrivée d'Andrea, qui se présenta dans l'après-midi chez la veuve Wolf. Sans le laisser souffler, il mena aussitôt son ami sur place, et l'affaire fut conclue. Le soir même, la logeuse lança une bordée de jurons en voyant Johann et Andrea lui échapper. En maestros de l'épargne qu'ils étaient, ils dormiraient chez eux, sur le sol de la cave qui leur servirait plusieurs années de chambre. Restait à passer commande à un peintre, un menuisier, un fabricant de fourneaux et braseros, un autre de tonneaux, au marbrier qui réaliserait la table pour couler les sucres d'orge, à courir les fabriques ou les magasins de faïence et de porcelaine, de boîtes et bocaux de toutes formes et tailles avec leurs bouchons de liège, de casiers à œufs, de bassines et de balances, de miroirs, de seaux, de cristaux et de drageoirs, de bougies, de poteries, de papier, d'ustensiles tels que spatules de fer, d'ivoire ou de bois, entonnoirs, pinceaux, rouleaux, pelles et écumoires, de grilles en fil de laiton, de moules en forme de champignon, de vase ou de pyramide, de couteaux, de casseroles, de poêles et de poêlons en bon cuivre, de tamis de soie ou de crin, de gaufriers, de ficelle, de mortiers en marbre ou en fonte avec leur pilon de marbre ou de buis, de mannes d'osier, de sorbetières et de gobelets à glace, j'en oublie sûrement. Sans compter les flambeaux ! Et les bonbonnières, donc ! De poche et de table ! Rien n'était trop beau.

La complicité de Johann et d'Andrea s'accroissait au fil des jours. Adolescents à leur dernière rencontre, tous deux découvraient l'homme que l'autre était devenu. Andrea, maintenant très grand, avait développé de longs bras aux mains effilées qui le dispensaient presque toujours d'escabeau. Ses yeux vifs roulaient au-dessus d'un nez en pied de marmite qui signalait la sensibilité de son odorat. Chacun se plaisait à trouver chez son associé les qualités indispensables à un bon exercice du métier : la mémoire, le goût, l'adresse, une extrême propreté, de l'ordre et de la courtoisie. Ils parlaient en romanche, lui mêlant l'allemand, l'italien et le français. Comme à la maison.

À présent, la boutique est aménagée, flambant neuve, coquette et douce à l'œil. Une cave regorge de charbon. Les matières premières attendent d'être transformées. Fleur de farine. Pains de sucre royal et ordinaire. Sel. Huile et beurre. Fleurs et plantes qui servent aux teintures. Thym, romarin, sauge, et fruits à confire étalés sur les clayons d'osier recouverts de papier gris. Fruits secs d'Orient : dattes, jujubes, figues grasses et violettes, raisins de Damas et de Corinthe. Fleurs d'orange. Fèves d'un excellent caraque du Venezuela pour faire le chocolat, un autre de Saint-Domingue idéal pour le beurre de cacao. Amandes douces et amères, noix, avelines, pignons et pistaches. Écorces de citrons, d'oranges et de grenades. Grains d'anis, de coriandre et de café. Aromates : vanille, cannelle, girofle, que sais-je encore ?

On ouvrira dans une semaine, dimanche prochain. Johann et Andrea se sont mis au travail avec entrain. Ils ont déjà fabriqué des essences : ambre, musc, jasmin, rose, cannelle, menthe poivrée, citron. Ils ont déjà cuit un assortiment de marmelades et gelées de poires, pommes, prunes et coings, qui se conserveront bien. Pastilles, pralines, dragées de diverses couleurs, fruits confits et candis garnissent les bocaux. Au programme demain : nougats, biscuits, meringues et massepains… Il faudra aussi prévoir la décoration de la vitrine. Vers la Noël, penser aux cannes de berger en sucre, décorées de ces roses que Johann aime tant sculpter. Mais il est l'heure de souper. Voilà pourquoi il propose : Et si on se faisait de la compote de châtaignes ? Avec une miche de pain, ils seront bien nourris pour une petite dépense. Car ils n'ont, évidemment, plus un sou en caisse. Réussiront-ils leur pari ? Sinon, ils auront tout perdu. Comme Michel, le père, à Trieste. Mais qui ne risque rien n'a rien.

17.

Qui ne risque rien n'a rien, m'a écrit Johann, dit Barbla au pasteur Gaudenz venu lui rendre visite à la veille de la Noël 1797, en posant un bol de lait chaud devant lui sur la table. Dès qu'ils gagnent quelques sous, Andrea et lui, poursuit-elle, engrangent de nouvelles provisions, ils achètent des ustensiles ou de la vaisselle. Au début, ils ne faisaient que de la confiserie, maintenant ils font aussi des glaces qui ont un grand succès et un peu de pâtisserie. Ils consomment beaucoup de chandelles. Ah, et imaginez-vous qu'ils utilisent des lampes à huile ! Johann dit qu'une lampe est dix à douze fois plus puissante qu'une chandelle. Avec ça, une belle lumière blanche et vive. Et pas de fumée ! Ce doit être merveilleux. Ils ont été obligés de faire un emprunt chez un banquier, car les clients se sont présentés en foule dès les premiers jours, y compris une personne de la Cour, et il leur a fallu très vite renouveler leurs provisions. N'est-ce pas dangereux, monsieur Gaudenz, d'emprunter de l'argent ?

Le pasteur rassure l'ancienne aubergiste. Les grandes familles des Grisons n'agissent pas autrement. Fière de son fils, Barbla raconte alors qu'un obscur petit artisan avait peu de chance d'obtenir un prêt, mais qu'un personnage haut placé dans la banque, client assidu de la Zuckerbäckerei Johann Josty & Co et persuadé de son avenir florissant, avait plaidé en sa faveur.

Et comment va la santé, madame Josty ? s'inquiète le pasteur. Barbla est toujours vive et vaillante, mais ses 52 ans lui pèsent sur les articulations. Certains jours, elle peut à peine plier le genou droit qu'elle s'est foulé, il y a pourtant déjà trois ans, en glissant sur le sentier rocailleux de la presqu'île de Chastè. Elle ramassait des champignons. Par chance, Ladina l'accompagnait. Une habitude prise depuis qu'elles sont amies, malgré leur si grande différence d'âge. La jeune femme l'a aidée à se relever, a appelé un homme du village qui passait – c'était M. Robbi, le forgeron –, et tous deux l'ont ramenée chez elle. De ce jour, elle a dû fermer l'auberge. Ses forces ne suffisaient plus. Il lui fallait déjà s'occuper de Michel, le benjamin aveugle, incapable de se débrouiller par lui-même.

Fort heureusement, mon fils Daniel, qui est le directeur du café Dauphin de La Rochelle, en France, peut nous envoyer de quoi vivre, confie Barbla au pasteur avec un sourire lumineux. Et ce cher M. Robbi ne passe jamais par ici sans venir me saluer. Il me donne des nouvelles du village. Ladina aussi s'inquiète de savoir si je ne manque de rien. Elle me laisse parfois sa fillette à garder, le temps de laver son linge dans la rivière. Adorable, cette petite Madlaina. Vous voyez que je suis bien entourée.

Quelle femme positive ! songe le pasteur, en la regardant tricoter à vive allure une laine de belle couleur lavande. Toujours à l'ouvrage, madame Josty ! la complimente-t-il. C'est un gilet pour Madlaina. Il sourit. Personne n'a jamais entendu madame Josty se plaindre, songe-t-il encore. Empêché par la quantité de neige tombée cette nuit d'aller dans les deux autres paroisses qu'il administre, il a pris le temps de lui rendre visite, et en éprouve une joie chaude. Vous me le diriez, s'assure-t-il, s'il vous manquait quelque chose ? Lui-même gagne à peine de quoi nourrir sa famille, mais il se sent prêt à remuer ciel et terre s'il fallait porter secours à Barbla.

Elle éclate de rire, heureuse de tant d'attention. Ce qui me manque, poursuit-elle, ce sont des explications ! Est-il vrai, monsieur Gaudenz, comme me l'a rapporté M. Robbi, que des troupes françaises ont débarqué à Chiavenna ? Il s'en passe de drôles dans notre pays.

Le pasteur, un homme pointilleux, a pour habitude, dans son enseignement, de toujours remonter à la source des événements. Aussi interroge-t-il : Vous avez entendu parler du général Buonaparte ? Ou plutôt Bonaparte, se reprend-il, car il a francisé son nom. En mars 1796, le Directoire lui a confié le commandement de l'armée d'Italie pour se lancer à l'offensive des Autrichiens. Et alors ? interroge Barbla en posant sur la table des petits biscuits à l'anis. Michel, tu écoutes ?

Assis près de la cheminée, Michel reproduisait dans sa tête les chants d'oiseaux de la belle mais si courte saison. Il s'approche et, en tâtonnant, réussit à s'installer sur la banquette de bois qui longe la table.

Voici, annonce le pasteur. C'est à Nice que Bonaparte a pris le commandement de son armée. Il l'a trouvée en piètre état. Des hommes mal nourris, mal habillés, mal armés. Cependant, il galvanise ses troupes, remporte une première victoire à Montenotte en Ligurie, et une deuxième le lendemain à Millesimo. La route de Milan est ouverte. Il y entre le 15 mai 1796, après la victoire de Lodi, et les troupes françaises poursuivent leur marche triomphale en Italie du Nord. Au fur et à mesure de son avancée, après la victoire d'Arcole, Bonaparte crée des républiques sœurs de la République française. Ainsi, en novembre, la République transpadane, au nord du Pô, et un mois plus tard, la République cispadane, au sud du Pô.

Je ne sais pas pourquoi, Johann s'intéresse beaucoup au général Bonaparte, observe Barbla. Quant à Michel, il s'impatiente. Ça ne nous dit pas ce que les Français viennent faire chez nous, monsieur Gaudenz, sauf votre respect ! Le jeune homme veut toujours brûler les étapes. A-t-il le sentiment que sa vie sera brève ?

J'allais y venir, répond le pasteur. Connais-tu l'histoire de la Valteline ? Pas vraiment, reconnaît Michel. Eh bien, la Valteline voisine était jusqu'à présent sujette des Trois ligues grises. Mais elle a chassé en juin les Grisons qui la gouvernaient et arboré le drapeau italien. Vous l'avez déjà vu, ce drapeau ? Il est à trois bandes d'égales dimensions, vert blanc rouge, inspiré du modèle français. Et pourquoi la Valteline a-t-elle chassé les Grisons ? s'indigne Michel. Que lui avons-nous fait ? Cette région appartenait à l'origine à l'archevêque et duc de Milan, reprend le pasteur.

Barnabé Visconti, il s'appelait. En 1404, il crut bon de l'offrir à l'évêque de Coire avec les vallées de Chiavenna et de Bormio. Les Valtelins, catholiques de langue italienne, devinrent alors les sujets de protestants qui parlaient allemand. Insupportable, prétendaient-ils. Voilà pourquoi ils se préfèrent italiens, poursuit M. Gaudenz. C'est très, très embêtant. La Valteline était pour nous une source de revenus et de richesses importantes. Le vin. La viande de bœuf séchée. La polenta. Le gouvernement grison a fait tout ce qu'il pouvait pour la retenir. En vain ! Il a donc demandé une médiation au général Bonaparte. Mais ça a mal tourné pour nous. Comme Bonaparte venait de rassembler les deux républiques sœurs, la transpadane et la cispadane, en une unique République cisalpine, il y a intégré la Valteline, Bormio et Chiavenna. Qui n'appartiennent donc plus à nos Grisons. Dans certaines communes, à peine les Français sont-ils maîtres du pays qu'ils plantent sur la place publique un arbre de la liberté, surmonté d'un bonnet rouge !

On frappe à la porte. C'est M. Robbi, qui vient voir si Barbla ne manque de rien. À 38 ans, son travail de forgeron l'a solidement charpenté. Certains se moquent de lui car il ne boit jamais ni vin ni café. Seuls l'eau et le lait ont sa faveur. D'une courtoisie à toute épreuve, il racle soigneusement ses souliers sur la grille devant la porte puis les passe au petit balai accroché juste à côté, afin d'éliminer la moindre trace de neige. Ah, monsieur Robbi, vous tombez bien ! s'exclame Barbla. Nous parlions justement de Chiavenna.

Recevez mes vives félicitations pour votre nomination au conseil municipal, intervient le pasteur. Je suis sûr que vous ferez du bon travail.

Ben oui, dit M. Robbi, rouge de confusion. Je vous remercie bien, monsieur le pasteur. Il s'assied après avoir salué chacun, et poursuit en tortillant ses moustaches. Ça m'a tellement énervé, lorsque la Valteline, les gens de Chiavenna et de Bormio se sont séparés du gouvernement grison, que j'ai commencé à tenir un journal. D'un seul coup, il a fallu payer des droits sur le vin, la farine et le blé. Puis les Valtelins ont confisqué les possessions grisonnes. Du vol organisé ! Ensuite, ils ont voulu conquérir Poschiavo. On les comprend ! Le val de Poschiavo se glisse comme un bras entre la Valteline et Bormio. Alors Poschiavo nous a demandé du secours. On a envoyé tout de suite soixante-quatre officiers et soldats, mais ça nous revient cher, cette histoire. Faut les nourrir, ces soldats et leurs chevaux ! Là-dessus, des troupes françaises sont arrivées à Chiavenna. On parle de trois cents fantassins et de soixante cavaliers.

Ils devisent encore quelque temps, puis le pasteur se lève. Je vous quitte à regret, madame Josty, dit-il avec un sourire plein de bonté. Espérons une solution pacifique pour notre pays. Il ajuste son bonnet en peau de mouton bien bas sur les oreilles.

Merci de votre visite et de vos lumières, monsieur le pasteur, répond Barbla. Je m'en vais raconter tout cela à Johann. Il travaille tellement qu'il a peu de distractions et il aime beaucoup recevoir des nouvelles de Sils.

18.

Par un fait étrange dont le ciel a le secret, Johann et Andrea reçoivent tous deux des nouvelles de Sils en cette froide et grise journée de novembre 1799. Ce sont d'épaisses missives, comme ils n'en ont jamais reçu. Ils comprendront par la suite que les expéditrices, leurs deux mères, ont développé des ruses de Sioux pour leur faire parvenir ces lettres. Ils en lisent des bribes à chaque instant de libre, et c'est le soir seulement, une fois la boutique fermée, que chacun dévore sa lettre en entier, la relit, puis qu'ils échangent les dernières nouvelles du pays.

Cependant, ils ne se reposent pas pour autant. Noël approche, et ils ont à cœur de décorer la vitrine avec panache, goût et fantaisie. Après avoir envisagé plusieurs projets, ils se sont décidés pour la reproduction de la porte de Brandebourg, un petit arc de triomphe, adossée aux arbres du Thiergarten et précédée de parterres floraux. On suspendra des colombes tout autour, prévoit Johann. Sapins, fleurs, oiseaux, c'est son boulot. De même que le quadrige, ce char à deux roues, attelé de quatre chevaux, qui surmonte l'édifice. À Andrea de reproduire les colonnes d'inspiration grecque. Il y a quinze jours, il s'est rendu à la porte pour la dessiner et noter ses proportions. Il en est revenu tard dans la soirée, guilleret, balançant avec entrain ses longues pattes d'araignée. Ça lui a fait du bien, ce petit moment de liberté, songe Johann avec affection.

Tandis que lui-même sculpte de hauts sapins de massepain, Andrea prépare la pâte de ses colonnes, qu'il s'applique à rendre lisse et liante, exempte de bulles d'air. Ensuite, il faudra confectionner des boudins, les ciseler à l'aide d'une pointe de couteau, en dorer légèrement l'avant, puis les enfourner. Tu y comprends quelque chose, à cette guerre ? demande Andrea, sans lever les yeux.

Ni l'un ni l'autre n'ont une idée nette des secousses et tremblements qui agitent l'Europe, des armées qui s'entrechoquent et se pulvérisent. Ne savent quel peuple a le premier porté le fer, tiré le canon et fait gicler le sang. Mais ils souffrent de savoir l'Engadine bousculée, blessée, brisée. Récapitulons, propose Johann. En novembre 1797, le général Bonaparte a créé la République cisalpine, qui comprenait la Valteline, Chiavenna et Bormio. Tu te rends compte ? s'énerve Andrea. Ma mère m'écrit qu'ils ont dû tout d'un coup payer des droits de douane pour le seigle, le riz, les châtaignes, le vin, l'eau-de-vie et le bétail. Incroyable !

Johann hoche la tête. Barbla lui a raconté la même histoire. S'il te reste de la pâte, dit-il en louchant du côté d'Andrea, je l'emploierai pour le quadrige. Cette sculpture en bronze qui couronne le monument l'émeut par sa beauté et la force de son symbole : une déesse de la paix se dresse sur un char tiré par quatre chevaux fougueux.

Et que s'est-il passé ensuite à Sils ? Chacun s'essuie les mains et recourt à la lettre qu'il a reçue. Ils en extraient des informations pêle-mêle, tentent non sans mal de reconstituer la succession des faits. Tout à coup, alors qu'on croyait l'Autriche et la France en paix grâce au traité de Campo-Formio, réouverture des hostilités. Bientôt les troupes impériales autrichiennes débarquèrent à Zuoz, près de Maloja, donc près de Sils. En novembre, ce fut le tour de bataillons français et cisalpins d'enrichir le décor de Chiavenna. Il fut alors précisé aux gens de Sils que les troupes grisonnes relevaient du général autrichien Auffenberg. On créa des milices armées, on donna des ordres. Interdiction de sonner la cloche, de faire des feux et du bruit. À Sils Baselgia, on posta chaque nuit deux gardes chargés de guider les messagers qui apporteraient des lettres. Il fallut déneiger jusqu'au sol pour permettre le passage de canons et de munitions.

T'as déjà vu les routes de Sils complètement déneigées en hiver ? interroge Andrea. Johann, affairé à peindre ses sapins, secoue la tête. Non. Jamais. Ça doit faire bizarre.

À la fin de l'année un questionnaire parvint à Sils. Combien d'hommes pourrait-on enrôler ? Combien de munitions ? De fusils et de baïonnettes ? De carabines ? De balles blindées et de balles sphériques ? De briquets ? De sabres, de hallebardes, de piques et de fourches ? De cartouchières et de sacs à dos ? Chacun devait posséder de bonnes chaussures et des bottes. Combien d'hommes ayant déjà accompli le service militaire ? Combien de volontaires ? Toute commune était appelée à désigner six villageois aptes à intégrer un régiment. Là-dessus, il a fait si froid qu'à la Noël le vin de messe a gelé dans la coupe. Et quelques oreilles de même ! s'écrie Andrea, assailli par des souvenirs cuisants. Voilà ce que c'est que d'avoir de grandes oreilles, se moque affectueusement Johann.

Si on était encore au pays, on aurait été enrôlés, s'aperçoit-il soudain. Assombri, il lâche son ouvrage. Des sentiments contradictoires l'agitent. Il aurait aimé se battre pour son pays, mais ne pourrait envisager de quitter une minute la confiserie. Il tourne quelques instants en rond comme un ours en cage. Enfin passe à une autre table où il se propose de réaliser des massifs floraux en agglutinant de petites fleurs. Son pastillage, la pâte pour les fleurs, préparé la veille et mis à reposer, l'y attend. Il a mélangé du sucre, de l'amidon et de la fécule avec de la gomme adragante imprégnée d'eau, et ajouté du jus de citron. D'abord, couper de courtes tiges de laiton qu'il recouvrira de soie et piquera dans un morceau de pâte coloré de vert tendre. Il prévoit des roses, des jonquilles, des violettes. Ses colorants sont prêts. La cochenille pour un rouge cramoisi pâle. Un mélange de gomme-gutte et d'indigo pour le vert des feuilles. De la fleur de lis infusée au printemps pour le jaune. Un mélange de cochenille et d'indigo pour les violettes.

Ma mère, reprend Andrea, dit qu'elle a pressenti la gravité des événements en mars 1799, lorsqu'elle a vu passer un canon démonté. Avec le corps et les munitions, ça faisait dix traîneaux lourdement chargés. Tu imagines ? Et là-dessus, les hommes ont dû partir à la guerre. Ils sont d'abord allés à Samaden pour recevoir les ordres. Onze volontaires de Sils les ont suivis. Parmi eux Julius Curtin, le mari de Ladina. Son frère Tomas a été obligé de fuir le pays. On le dit à Milan, agent de l'armée d'Italie.

Johann serre les lèvres. Il déteste entendre parler de Ladina. Il ne la hait pas, non, mais c'est tout comme. Rien que d'entendre son nom, des frissons désagréables lui picotent l'échine. Mais peut-il l'avouer à Andrea ? Voici ce que je comprends, poursuit celui-ci sans se douter du séisme qu'il a provoqué, mais arrête-moi si je me trompe. Début mars, le général français Masséna a envahi les Grisons et attaqué les postes tenus par les Autrichiens. C'était courageux, remarque ! Voilà des gens qui peut-être n'avaient jamais vu de glaciers, ni de neiges éternelles, ni pratiqué d'étroits sentiers verglacés, qui ont dû forcer des passages obstrués par la neige… Mais victoire ! Le général autrichien Auffenberg lui-même est fait prisonnier. Là-dessus, le général français Lecourbe, accouru de Bellinzona, entre en Oberengadin après avoir franchi les cols du Septimer et du Julier.

Quand je pense que j'ai gelé une nuit de juillet dans le Julier ! s'apitoie Johann. Ses doigts s'appliquent, mais son esprit lui rappelle avec force sa fuite éperdue dans le Julier. Là où la vie réelle a commencé pour lui.

Plus d'un millier de soldats français ont réussi à franchir le col, rappelle Andrea. Le lendemain, on a trouvé des corps presque recouverts par la neige. Pauvres soldats ! Mourir comme ça. De faim et de lassitude. Dans la solitude et le froid… Et ces pauvres gens de Casaccia ! poursuit-il. Tu te rends compte ? Ils se sont enfuis parce que les soldats pillaient et incendiaient leur village. Prenaient le bétail, les provisions, le foin, le bois à brûler, l'argent et les objets de valeur, le cuir et les souliers. Quels soldats ? demande Johann. Andrea relit sa lettre. Difficile de démêler si ce sont des Français ou des Autrichiens. Mais ces derniers ont fait cent quatre-vingts prisonniers français. Cela les désigne comme les pilleurs de Casaccia. Pour qu'ils n'entrent pas à Sils, les Silsois ont apporté sur le pont de Baselgia du pain, du fromage et du vin. De sorte qu'il ne leur restait presque plus de provisions pour la famille. Et ça n'a pas empêché cent quarante hommes d'entrer quand même, décidés à bien boire et bien manger !

Le massif de fleurettes progresse lentement. Il faut d'abord accrocher à chaque tige un cœur teinté de noir avec de la suie. L'un d'eux vient d'échapper à Johann. Il plonge sous la table pour le ramasser, l'époussette avec soin… En tout cas, à Silvaplana, poursuit Andrea, c'étaient les Français. Chaque maison a dû héberger de vingt-huit à soixante soldats. Là où il y avait à boire et à manger, ils se sont tenus tranquilles. Là où il n'y avait pas de provisions, ils sont entrés dans les étables et ont égorgé des brebis. Les femmes s'étaient enfuies à Surlej. Les soldats les ont poursuivies et leur ont dérobé l'argent qu'elles avaient emporté.

Puis ils évoquent, attristés, l'incendie chez les Tuff. Johann se souvient de la belle maison de Sils Maria, de cette famille toujours prête à rendre service. La faute aux Autrichiens, cette fois. Ceux-ci ont ensuite réquisitionné toutes les bêtes de trait du village pour faire amener leurs blessés à Bergün, où ils ont installé des infirmeries. Quel tourment, quelle fatigue pour les propriétaires des animaux, obligés de se soumettre ! De marcher jour et nuit avec leurs bêtes. Sinon, ils étaient désignés comme déserteurs.

Johann a maintenant piqué des cœurs sur toutes ses tiges. Andrea a bien avancé aussi, ses colonnes sont prêtes à être assemblées. On arrête pour aujourd'hui ? propose Johann. Ou nous serons morts de fatigue demain. Mais le sort des gens de Sils ne leur quitte pas l'esprit. Ils sont déjà couchés qu'ils en parlent encore.

Le pain, le vin, l'eau-de-vie et le foin ont commencé à manquer. La misère s'accroissait. Plus une botte de foin nulle part. Il a fallu abattre des bêtes dénutries, vidées de leurs forces. Les étables se vidaient. Et puis ordre de déneiger complètement la berge du lac. Et la neige qui n'arrêtait pas de tomber ! Il neigeait et ventait si fort qu'il fallait revenir sans cesse sur ce qui avait été fait.

Là-dessus, les Français, qui s'étaient retirés du Tyrol avec de nombreux blessés, ont occupé Sils. Nouveaux ordres ! Les habitants épuisés titubaient, gris de fatigue et souffrant des yeux à cause de la neige. Ils ont dû dégager la route du Julier. Le surlendemain, tirer des traîneaux jusqu'à Casaccia, transporter des blessés à Chiavenna. Sans nourriture ni pour les hommes ni pour les bêtes. Comme les pauvres bœufs n'en pouvaient plus, des soldats français les ont abattus. Les propriétaires des animaux n'ont pu que regarder, et recevoir des coups quand ils réclamaient de la viande. On a cru pouvoir souffler lorsque le général Lecourbe, le 4 mai, a traversé le lac de Sils gelé avec toute son artillerie pour aller vers le col du Splügen. Mais les Autrichiens sont arrivés. Ont exigé pain, viande, riz, vin, eau-de-vie, sel et foin. Ont fouillé les maisons. Il a de nouveau fallu déneiger le Julier. Subir le pillage. Ils ont dévasté la forge de M. Robbi, déjà furieux parce qu'un soldat l'avait obligé à lui céder ses chaussures neuves. Ils s'en sont pris aux partisans des Français, l'inverse s'étant déjà produit. Ils les ont sauvagement sortis de leurs maisons. Ainsi continuaient les jours. La moisson d'août fut très maigre car les Autrichiens avaient piétiné les prairies au printemps. À Maloja, ils ont abîmé tous les toits, confisqué le bétail. Les prix des denrées atteignaient des sommets. Plus question de cuire du pain blanc. On croyait le calme revenu, lorsque fut annoncée une colonne d'artillerie russe qui exigeait du foin.

Je n'y comprends rien, soupire Andrea. Des Russes. Pourquoi des Russes ? Il faudrait acheter la gazette, répond Johann. À Magdebourg, je la lisais tous les jours. C'est le seul moyen de comprendre les événements. Mais je vais m'y remettre après les fêtes.

Après les fêtes, dit doucement Andrea, j'ai un projet supplémentaire. Il a la langue embarrassée. Cela vient-il seulement de la fatigue ? Nous avons presque remboursé notre emprunt, n'est-ce pas, Johann ? Oui, confirme celui-ci, en se demandant où son ami l'emmène. Notre clientèle est chaque jour plus nombreuse, nous reste fidèle, n'est-ce pas ? reprend Andrea. Johann confirme. Allons-nous continuer à vivre comme des chiens, à dormir à deux dans cette cave ? Il faut profiter de la vie, non ?

Johann a compris. Andrea est amoureux. L'aveu ne tarde pas. Il a rencontré une demoiselle il y a plus d'un mois. Les parents de la belle tiennent une guinguette, Zur Rose, dans le Thiergarten. Andrea y est entré ; Frederika, c'est son nom, l'a servi d'une manière charmante, et leurs yeux se sont aussitôt parlé.

Depuis, Andrea l'a revue plusieurs fois. L'autre jour, poursuit-il, comme elle se trouvait par ici pour chercher des bouchons, elle en a profité pour entrer dans la confiserie. Elle s'est acheté un massepain aux cerises. Je lui ai glissé à l'oreille de m'attendre dehors, et nous avons fait quelques pas le long de la Spree. Ensuite… Bref, l'interrompt Johann, tu voudrais habiter un endroit à toi. Exactement, dit Andrea. On va y réfléchir, promet Johann. Moi, ce que j'aimerais, c'est aller à l'opéra.

19.

Aller à l'Opéra, dans la bâtisse imposante qui s'élève au milieu de la splendide allée Unter den Linden, Johann en rêvait depuis des années. Il pensait réaliser son vœu l'an dernier, mais une lettre de Barbla lui en a coupé l'envie. Michel, le jeune frère aveugle, venait de mourir. D'une mort étrange.

Au mois de mars, la neige était tombée si fort qu'elle avait obscurci la fenêtre, et que la nuit régnait en plein jour dans la maison. Barbla était sortie avec un balai pour nettoyer les carreaux. La neige collait. Ce fut long et difficile. À son retour, la mère s'aperçut que la place de Michel au coin du feu était vide. Elle attendit quelques instants, puis appela. Pas de réponse. Inquiète, elle fit le tour de la maison et découvrit que Michel était sorti par la petite porte à l'arrière. Les traces de ses pas en témoignaient. Elle les suivit, en direction de la presqu'île de Chastè, mais quelques mètres plus loin, la neige les recouvrait déjà. Elle était allée chercher de l'aide. Plusieurs hommes du village étaient accourus. Avaient fouillé les environs. En vain. On avait retrouvé le corps de Michel en juin, après la fonte. Sans doute était-il lassé de vivre dans la nuit, le froid et la guerre, avait pensé Johann, très affecté. Qui avait donc remis à plus tard son projet d'aller à l'Opéra.

Enfin, il y va. En février 1803. Il a attendu la période de Carnaval, car les représentations sont alors gratuites, et il a tant épargné jusqu'ici que l'habitude de ne rien dépenser est fichée en lui comme une racine dans la terre.

Il s'y connaît peu en musique. Il a choisi le jour qui l'arrange, et non le spectacle. Mais il ne peut être déçu. La gazette de Berlin a rapporté que Leurs Majestés le roi Frédéric Guillaume III – qui a succédé à son père en 1797 –, la reine Louise, toute la famille royale et plusieurs princes ont assisté à la production de l'œuvre et l'ont fort appréciée. M. Christoph Willibald Gluck en est le compositeur. Son titre : *Orfeo ed Euridice*. On chantera donc en italien. Pourquoi pas ?

Malgré ses 30 ans, Johann n'est jamais entré dans une salle de spectacles digne de ce nom. Ce soir, il découvre ébloui les fauteuils de velours rouge à moulures dorées, l'impressionnant rideau de scène, la loge royale, les lustres de cristal, les habitués qui se saluent d'une place à l'autre. Certains de ses clients sont parmi eux, dans les premiers rangs. Tel M. Bendix, l'employé haut placé de la banque Walter van Asten & Co, qui lui a organisé son emprunt et qu'il ne manque pas de gâter à chacun de ses passages à la confiserie. Un homme jovial, souriant, gourmand. Il semble accompagné d'une épouse à l'air aimable, collier de perles tombant bas sur sa robe de soie bois de rose, qui feint de cacher ses rires derrière son éventail. Cependant Johann, d'habitude si sociable, n'a ce soir aucune envie de bavarder.

Son humeur est morose depuis quelque temps. À peine s'est-il réjoui d'être devenu, ainsi qu'il l'a tant rêvé, le fournisseur attitré de la reine et de la Cour. En fait, s'aperçoit-il, cet état de tristesse le tient depuis qu'Andrea, à la fin de l'année dernière, a épousé sa charmante Frederika, mariage joyeusement fêté dans un cabaret. Le couple vit maintenant dans la proche Brüderstrasse. Tiens, Johann s'en rend compte à présent, cette rue est aussi celle de la banque... Pas étonnant, au fond. Car c'est M. Bendix qui a signalé à Andrea le logement disponible. Mais en dépit de toutes ces gentillesses, Johann n'a pas envie de lui parler. Il va jusqu'à détourner la tête pour éviter de croiser le regard du banquier.

Il a fini par déménager, lui aussi. Dans une chambre qui par chance s'est libérée au-dessus de la boutique. Sans cette occasion, un clin d'œil du ciel, il n'aurait pas bougé. Ce fut un bien. Car Andrea et lui purent engager deux apprentis. L'un de Sils, l'autre de Ftan. À présent installés dans la cave où tous deux ont dormi près de sept ans. Enseigner plaît à Johann. Et les bons apprentis simplifient la tâche des maîtres. Il a donc transporté son lit, ses vêtements, ses quelques objets dans la nouvelle chambre. Johann pourrait l'aménager, la rendre coquette mais, allez savoir pourquoi, il n'en trouve pas l'énergie.

Le spectacle enfin commence. Orphée se lamente près du tombeau d'Eurydice dont il ne supporte pas la perte.

Il pense mettre fin à ses jours lorsque l'Amour lui apprend qu'il est autorisé à aller chercher sa bien-aimée, à condition de ne pas la regarder lors du trajet de retour à travers les enfers. Orphée part donc, mais un chœur infernal tente de lui barrer la route. Il parvient toutefois à émouvoir les esprits funèbres, et passe. Eurydice apparaît alors et se jette dans ses bras.

À cet instant, Johann est si ému qu'il refoule un sanglot. Voici à présent les deux époux qui remontent vers la terre. Ce devraient être des instants de joie intense. Toutefois Eurydice s'inquiète de l'indifférence d'Orphée qui ne lui accorde pas même un regard. Ses reproches sont si vifs, si injustes, qu'il ne peut s'empêcher de se tourner vers elle, et la jeune femme expire dans ses bras. Le chagrin d'Orphée explose. *Che farò senza Euridice?* gémit-il. Étranglé par l'émotion, Johann entend *Che farò senza Ladina?* Mais l'Amour surgit, empêche Orphée de mettre fin à ses jours et lui rend Eurydice.

Cependant Johann, furieux contre sa sensiblerie, ne peut s'empêcher de songer encore à Ladina. Et s'en veut. N'y a-t-il donc pas d'autre femme sur terre qu'il pourrait aimer et chérir?

Espérant épuiser sa fureur, il marche d'un bon pas et décide de faire un détour avant de rentrer chez lui. Mal lui en a pris. Il se fait héler par des femmes qui se tiennent à leur fenêtre avec une chandelle. Non, la compagnie des prostituées ne l'intéresse pas. Et leurs appels ponctués d'œillades ne font qu'exaspérer sa colère. Pourquoi, cette colère? Et soudain il comprend.

Il est seul. Absolument seul. Lui qui rêvait d'une vie en couple, douce, sereine, avec des cris d'enfants et des miaulements de chatons qui auraient égayé la maison ! Voilà pourquoi il travaille jusqu'à la limite de ses forces. Ça lui évite de penser à sa vie privée. Un échec complet.

Andrea est marié. Daniel en forme le projet. Sa lettre d'hier n'en fait pas mystère. Dès qu'il sera en mesure d'entretenir sa femme, Daniel épousera Catarina Scartazzini, fille d'un confiseur de La Rochelle originaire de Bondo, un village des Grisons proche de Chiavenna. Il a demandé sa main voici plus de deux ans. Le café Dauphin ayant été cédé, il a rendu son tablier. Propriétaire du tiers d'un commerce de pâtissier à La Rochelle, il l'a vendu et s'est rendu à Bordeaux. Là, il a acheté une boutique de pâtissier en compagnie d'un ami. Elle a si bien prospéré qu'au bout de onze mois, il est allé en ouvrir une autre à Paris avec deux associés. Et il vient de s'établir à Niort. Il y a aussitôt fondé un café. Si cet établissement prospère comme les autres, écrit-il, je serai dans trois ans apte à nourrir une famille, et je retournerai à La Rochelle pour épouser Catarina. Il prévoit loin, Daniel ! Catarina et lui ont même décidé qu'ils se rendraient en Engadine après leur mariage, resteraient au pays trois ou quatre mois. Et la mère de la jeune mariée les accompagnera. Une perspective joyeuse pour Barbla.

Mais pourvu que les Français et les Autrichiens aient arrêté de guerroyer ! De mai 1799 jusqu'au milieu de l'an 1800, ce sont les Autrichiens qui ont occupé les Grisons. Johann, toujours séduit par la France, aurait préféré l'inverse. Cependant, le général Bonaparte avait d'autres chats à fouetter.

Sa popularité croissante avait inquiété le Directoire qui, pour l'éloigner, lui avait confié l'invasion de l'Égypte. Il était parti en compagnie d'une centaine de scientifiques. Juste avant la bataille des Pyramides, en juillet 1798, le général avait harangué ses officiers avec une phrase qui ferait fortune : « Du haut de ces pyramides, quarante siècles vous contemplent. » L'un de ses lieutenants avait trouvé une pierre, en un lieu nommé Rosette, dont on avait fait grand cas. Johann ignorait évidemment que ce fragment de stèle, portant trois versions d'un même texte, permettrait une vingtaine d'années plus tard le déchiffrage des hiéroglyphes par Jean-François Champollion. Cependant le Directoire était malmené par une lame de fond, et Bonaparte reprit la mer pour la France, laissant le général Kléber assumer le désastre de la campagne d'Égypte.

À Paris, les monarchistes appelaient à la révision de la Constitution. Napoléon Bonaparte rencontra ces mécontents. Avec eux, fomenta le coup d'État du 18 brumaire, soit le 9 novembre 1799. Devint Premier consul à la Noël. Se plaça ainsi à vie à la tête de la France. Et il filait lui aussi le parfait amour ! songe Johann toujours plus assombri. Joséphine de Beauharnais. Les échotiers ont livré des portraits flatteurs de la belle dame créole.

Un petit rire aigre secoue Johann. Dire qu'il s'est un jour comparé à Napoléon ! Oui, bien sûr, son chocolat lui vaut une grande renommée. Il est passé maître dans l'art de torréfier et broyer le cacao. C'était une bonne idée d'acheter en Italie une table de pierre incurvée, avec un rouleau pour le broyage. Elle lui facilite grandement le travail. Avant, il devait piler les fèves dans un mortier. Mais de là à se prendre pour un aigle parce qu'il a inventé de vendre du chocolat bien chaud aux gourmands qui le boivent sur place ! Comique, s'avoue-t-il.

Lorsque le Premier consul se rendit en grande pompe au palais des Tuileries qu'il occuperait avec sa famille, il se fit transporter dans un carrosse attelé de six superbes chevaux blancs. L'empereur François II du Saint Empire les lui avait offerts lors de la paix de Campo-Formio qui avait mis fin à la guerre franco-autrichienne. Et cependant, Napoléon Bonaparte n'eut rien de plus pressé que de l'attaquer à nouveau, furieux du terrain perdu par les armées françaises tandis qu'il se battait en Égypte.

Il imagina une deuxième campagne d'Italie. Lui-même guerroya, en personne. Vainquit à Marengo. La campagne lui donna enfin l'avantage, en partie grâce à la fougue et à l'endurance du général MacDonald. Après avoir vaincu mille obstacles pour atteindre le col du Splügen, celui-ci avait chassé les Autrichiens de poste en poste sur une ligne de soixante lieues de montagne. Et pourtant ces derniers étaient soutenus par les Russes ! Mais le général russe Alexandre Souvorov parvint trop tard sur le front de guerre et ne put que s'enfuir.

Après la paix de Lunéville en février 1801, Bonaparte garda la haute main sur les Grisons. Cependant, diverses factions s'étripaient en République helvétique, et les autorités suisses demandèrent au Premier consul français d'arbitrer les dissensions. Il refusa d'abord de prendre parti, puis se proposa comme médiateur. Et se mit à concocter une nouvelle Constitution helvétique.

De retour chez lui, dans sa chambre grise et triste, Johann n'a pas sommeil. Ses songes et ses remords dansent la sarabande. Il attrape la gazette, espérant se changer les idées. Lit quelques instants sans comprendre ce qu'il lit, tellement son esprit embrumé vogue ailleurs. Et soudain s'écrie : *Dieu ans perchüra !*, le cœur pris d'un tumulte. Par un Acte de médiation, le Premier consul Napoléon Bonaparte vient d'abolir la République helvétique et de restaurer une Confédération. L'Acte prévoit également que six nouveaux cantons, anciennement sujets ou alliés, sont ajoutés aux dix-neuf qui la constituaient précédemment. Saint-Gall, l'Argovie, la Thurgovie, le Tessin, Vaud et… les Grisons ! Ceux-ci sous le nom de Rhétie.

Johann est maintenant un Helvète de Rhétie[1]. Il est devenu suisse ! *Dieu ans perchüra !*

1. Le nom de Rhétie disparaîtra rapidement, mais l'adjectif « rhétique » reste vivant, de même que *Rätien* en allemand, synonyme de Grisons.

20.

Suisse, Johann n'en souffre pas moins des plaies qui s'abattent sur la Prusse. Et tout particulièrement de celle qui, en octobre 1806, menace Berlin, la ville qui lui a permis son accomplissement et où il a créé sa splendide confiserie : Napoléon Bonaparte. Encore lui !

On dirait que le petit homme au bicorne a pris en main la marche de l'Europe. Sauf qu'il ne s'agit plus du général Bonaparte, mais de Napoléon Ier qui en mai 1804 a été proclamé empereur des Français. Avec un sacre en décembre. Juste avant d'être proclamé roi d'Italie par des Italiens enthousiastes de sa personne. Complexé, François II a d'ailleurs aussitôt pris le titre d'empereur héréditaire d'Autriche, qu'il a ajouté à celui d'empereur élu d'Allemagne. Mais la domination toujours croissante de Napoléon a déplu ! L'Empire russe, l'empire d'Autriche et la Suède, sous les auspices du Royaume-Uni – que Napoléon cherchait à envahir ! –, ont alors en avril 1805 fomenté une nouvelle coalition contre lui.

Là-dessus, l'Autriche a envahi la Bavière en septembre 1805

pour la punir de son attachement envers la France. Napoléon a aussitôt rompu avec l'Autriche, enfourché son cheval et pris la tête de son armée, dorénavant la « Grande Armée ». Les Autrichiens l'attendaient en Forêt-Noire. Il a fait mine de tomber dans le piège alors que ses généraux opéraient un vaste mouvement de contournement, façon de couper les Autrichiens de leurs alliés russes ! Première leçon. Ont suivi les victoires d'Elchingen et celle d'Ulm, éclatante. *Vive l'Empereur !* ont hurlé les soldats trempés et affamés. Victoire cependant assombrie deux jours plus tard par le désastre de Trafalgar, dans le détroit de Gibraltar et au bénéfice de l'Angleterre, laissant Napoléon furieux, comme on l'imagine. Pas pour longtemps. En novembre, entré à Vienne, déclarée ville ouverte, il a bien voulu accepter les clés de la cité et s'établir au palais impérial de Schoenbrunn. Et sans doute préparait-il déjà le chef-d'œuvre de tactique qui, le 2 décembre, ferait de lui le vainqueur de la bataille des Trois Empereurs, à Austerlitz.

Après quoi François II s'est présenté au bivouac de Napoléon pour implorer un armistice. Malheureux François II, trahi au mois de juillet 1806 par seize princes allemands qui ont quitté le Saint Empire afin de participer à la Confédération du Rhin créée par Napoléon ! Un mois plus tard, ce souverain n'a pu que dissoudre le Saint Empire romain germanique, fondé en 962, vous devinez avec quel désarroi.

Allait-on enfin pouvoir goûter la paix ? Ceux qui l'espéraient n'ont pas compté avec la Prusse. Elle a bientôt adressé un ultimatum au « perturbateur du repos de l'univers », selon les termes de Frédéric Guillaume III dans une lettre à l'empereur Alexandre de Russie. L'ultimatum stipulait que toute l'armée française devait se retirer derrière le Rhin, et que la Confédération du Rhin devait être dissoute ! Napoléon allait-il se soumettre ?

Il s'est esclaffé de son rire d'ogre. A aussitôt quitté Paris et avancé à grandes enjambées vers sa Grande Armée. Le 9 octobre, il établissait son quartier général à Bamberg et ouvrait la campagne. Ce furent alors les victoires d'Iéna, le 14 octobre, catastrophe militaire sans précédent pour la Prusse, et d'Auerstaedt le même jour. Frédéric Guillaume dut ordonner lui-même la retraite à la fin de la journée. Après ces deux défaites, l'armée prussienne était réduite à néant. « Elle a disparu comme un brouillard d'automne au lever du soleil », se moquera Napoléon.

Leurs Majestés ont participé aux combats. La reine vêtue en amazone portait l'uniforme de son régiment de dragons. Elle a d'ailleurs été poursuivie par un escadron de hussards français. Frédéric Guillaume a eu deux chevaux tués sous lui et reçu un coup de fusil dans la manche.

Suivirent les défaites prussiennes de Halberstadt, de Wittenberg, et puis de Potsdam. Où Napoléon est entré le 24 octobre ! Où il a saisi l'épée de Frédéric le Grand, la ceinture qu'il portait durant la guerre de Sept Ans et son cordon de l'Aigle noir. Puis, sans le moindre scrupule, l'Empereur est parti s'installer dans le château de Charlottenburg, au bord de la Spree, à une lieue de Berlin. La plus ancienne résidence des Hohenzollern, la famille royale. Le plus grand palais de la capitale.

À Berlin, on tremble, on claque des dents, on enferme les enfants ! L'arrivée de Napoléon est prévue pour aujourd'hui, le 27 octobre. Ce n'est rien de dire que la terreur est profonde. Le couple royal, qui a pourtant démontré son courage sur les champs de bataille, a préféré se réfugier en Prusse orientale. Les palais ont été vidés car une réputation de grand pilleur devant l'Éternel a précédé Napoléon. Peine perdue. Il a ordonné au maréchal Davout d'arrêter sur un canal qui se jette dans l'Oder, près de Francfort, tous les bateaux partis de Berlin, chargés d'objets appartenant à la Cour et de pièces d'artillerie.

Un appel à la population engage les Berlinois à « s'abstenir de toute manifestation hostile et de toute résistance contre les troupes impériales et royales françaises, afin d'éviter les malheurs les plus effroyables ». Pourtant, il va falloir les supporter, ces envahisseurs ! Un officier prussien a dit d'eux : « Ces Français sont de petits bonshommes, des nains. S'il s'agissait simplement de se mesurer avec eux corps à corps, je me ferais fort de venir à bout de six d'entre eux et de les faire sauter par la fenêtre ; mais en troupe et dans les rangs, ce sont des diables : cela marche, cela se déploie avec une promptitude sans exemple ; les boulets passent par-dessus ; et pendant qu'un inutile et lourd serre-file prussien fait une seule fois demi-tour à droite, les Français ont déjà répété ce mouvement une demi-douzaine de fois. »

Or, ces « nains » affamés, déguenillés, arrivent précédés d'une sale renommée. Pillages et réquisitions dans les boucheries, épiceries, pâtisseries. Affolés, les commerçants ferment boutique les uns après les autres en ce 27 octobre. Les rideaux de fer dégringolent avec fracas. Tous, sauf celui de la Zuckerbäckerei Johann Josty & Co. Johann attend de pied ferme devant la confiserie. Veste gris foncé croisée. Tablier blanc. Il fait un temps superbe, un bel automne comme on n'en a jamais vu.

L'Empereur fait son entrée solennelle à Berlin par la porte de Brandebourg. Coiffé de son célèbre bicorne, il est environné du prince de Neufchâtel, des maréchaux Davout et Augereau, de son grand maréchal du palais, de son grand écuyer et de ses aides de camp. Le maréchal Lefebvre ouvre la marche à la tête de la garde impériale à pied. L'Empereur avance entre les grenadiers et les chasseurs à cheval de sa garde. Un mélange de douleur, d'admiration, de curiosité, agite la foule immense qui se presse sur son passage en l'acclamant. Les femmes sont vêtues de robes chatoyantes. Le général Hulin, que l'Empereur a nommé commandant de la place, lui offre les clés de la ville. Chacun ignore encore que Napoléon aura le culot de confisquer le somptueux quadrige de la porte. Il l'acheminera en grande pompe vers Paris afin d'orner l'arc de triomphe du Carrousel, aux abords du Louvre. Cependant, telle une femme qui change de toilette à la dernière minute, il fera en définitive hisser sur le Carrousel les chevaux de Venise, arrachés quelques années plus tôt à la basilique Saint-Marc, laissant le quadrige moisir dans des caisses. Mais ce pillage, il ne l'emportera pas en paradis. L'attelage fera un retour triomphal à Berlin en 1814, emblème cette fois de la victoire prussienne sur Napoléon. Chevauchant à nouveau la porte de Brandebourg depuis cette période, l'œuvre d'art symbolise de nos jours l'amitié franco-allemande.

Cependant, Johann se tient devant la porte de sa boutique, et guette l'arrivée de Napoléon. La scène étonnante qui suit a été contée par son petit-fils Daniel Stoppany (1834 – 1891), dans un journal intime. Lorsque l'Empereur débouche sur la place qui précède le château royal, ses soldats découvrent la boutique ouverte et foncent littéralement dessus. Johann, non armé, tient un plateau chargé de petits pâtés et un panier contenant une bouteille de champagne. Voyant la troupe se précipiter, il hurle en français (merci, Franz !), d'une voix tonitruante : Arrière, vous bêtes (*sic*) ! Vous ne voyez pas que notre grand Empereur attend son repas ? Vive Napoléon Ier !

Peut-être Johann a-t-il en fait crié : « Fife Naboléonn Bremier ! », mais ça ne change rien à l'histoire. Les soldats font marche arrière, médusés. Lorsque l'Empereur voit venir vers lui, contre tout protocole, ce petit mais hardi confiseur, il interroge ses officiers. Que lui veut-on ? On veut lui proposer un rafraîchissement, répond Johann à celui qui l'interroge, en tendant le plateau vers Napoléon. Il se fait un silence assourdissant. Chacun retient son souffle. L'Empereur éclate de rire et demande au *Zuckerbäcker* de manger lui-même un pâté. Il craint bien sûr qu'on veuille l'empoisonner. Johann pose son chargement sur le sol, dévore la moitié d'un pâté, repose l'autre moitié sur le plateau, débouche la bouteille de champagne, emplit une coupe, et hurle d'une voix de stentor : Evviva grand Napoléon ! Attendez, réplique l'Empereur, j'ai faim, moi aussi ! Il désigne l'autre moitié du pâté, et l'engloutit. Entretemps, les officiers ont envahi la boutique. Ont mangé, ont bu – car on y trouve à présent diverses boissons –, ont même payé l'addition à Andrea ! Souriant, plus exactement riant sous cape, fou de bonheur et gonflé de fierté, Johann a le sentiment d'avoir vaincu l'armée française.

Bravo ! le félicite chaudement une voix délicieuse à son retour vers la boutique. Vous avez été splendide, monsieur Josty ! Laissez-moi vous embrasser… Il reconnaît le beau sourire de mademoiselle Caroline Isemer, l'une de ses meilleures clientes. Il se laisse faire, reçoit avec bonheur le frais baiser qu'elle dépose rapidement sur sa joue, effrayée de son audace. C'est l'occasion de lui offrir un gâteau ! Tandis qu'elle fait son choix, Johann virevolte dans la boutique, fondant de plaisir. Une ou deux petites bouchées au sucre la raviront, dit-elle. Il en emplit une soucoupe. Au chocolat, à la rose, à la pistache et au café. Il ajoute quelques pastilles à la violette dont il la sait friande. Puis il l'emmène vers l'unique guéridon, l'invite à s'asseoir sur une chaise, lui fait apporter une tasse de café chaud. La flamme de la bougie plantée dans un gobelet de cristal éclaire le doux visage de la jeune femme. Elle est aux anges, et lui aussi, lorsqu'ils échangent un regard chargé de gourmandise.

21.

La nuit venue, dans la solitude de son lit, Johann savoure sa victoire face à l'armée française. Apparaît alors sous ses paupières la charmante Mlle Isemer. Grands yeux turquoise. Cheveux noirs comme le jais. Bouche cerise. La bousculade était telle qu'il n'a même pas pu lui faire un signe d'adieu lorsqu'elle a quitté la boutique. Il ne sait rien d'elle. Aimerait mieux la connaître. Ce sera pour demain, peut-être.

Le lendemain passe, puis la semaine. L'homme d'action qu'est Johann se surprend à attendre. Il le supporte difficilement. Il pique des colères gratuites. Il prend la mouche pour un rien. Il envoie balader tout le monde. Lui toujours si précis se montre distrait. Mlle Isemer reste invisible. Et pourtant, elle se montrait bien une fois par semaine, auparavant. Voire plus. Parfois aidant sa mère à marcher, parfois avec une amie, parfois seule. Les jours défilent. Johann la guette en vain.

Le pays s'adapte difficilement à l'occupation française. Les aigles de Prusse ont été expulsés de tous les États situés entre l'Elbe et le Rhin. Le séquestre est apposé sur les palais, magasins et caisses publiques. Les revenus sont perçus pour le compte de Napoléon. Les payeurs français distribuent désormais l'argent prussien. Berlin trinque. De gré ou de force, les caves des particuliers ravitaillent la Grande Armée en vin et en eau-de-vie. Les maisons des personnes de la Cour en fuite fournissent les matelas et effets nécessaires au logement des officiers. Les haut gradés se font héberger dans les riches demeures du centre-ville. Drap et cuir ont été réquisitionnés pour confectionner cent mille capotes et pantalons, autant de chapeaux et paires de souliers. Des Berlinois se suicident. On en recensera de six à dix par semaine au cours des deux ans de la présence française. L'occupant déleste l'arsenal de ses caisses de tambours, culottes de peaux, gibernes, sabres, baudriers, haches, marmites, gamelles et bidons. Ce sont maintenant les dragons, grenadiers et artilleurs français qui défilent à la parade. Et les officiers français qui se pressent ensuite à la Zuckerbäckerei Johann Josty & Co.

Bien que mal dégrossis, ils sont volontiers galants, entreprenants. Mlle Isemer craint-elle de les rencontrer ? s'interroge Johann. Préfère-t-elle fréquenter un lieu plus calme, moins connu de ces canailles ? Se pourrait-il qu'elle accorde à présent sa clientèle à la Conditorei L'Orsa, ouverte en 1802 par Peter L'Orsa, un garçon de Silvaplana ? Une hypothèse qui met Johann au comble de l'exaspération. D'ailleurs, tout l'exaspère, ces jours-ci. Sans raison. Même les dernières nouvelles de son frère Daniel l'exaspèrent. Enfin marié avec Catarina, Daniel a passé trois mois à Sils, ainsi qu'il l'avait prévu. Puis il est retourné à Niort pour reprendre la direction de son café. Il monte en plus une brasserie avec un M. Valz, brasseur de profession, et lui accordera pendant trois ans la moitié du bénéfice, à condition que celui-ci lui enseigne l'art de faire la bière. Où finira ce garçon s'il continue à s'éparpiller ainsi ? songe Johann. Le précipice le guette.

Le confiseur berlinois s'inquiète pour ses proches de Magdebourg. Le maréchal Ney a fait le siège de la ville, a capturé la garnison, a bombardé la cité. Quelles frayeurs ont dû secouer Eleonore et Jacob, Franz et Emil avec leurs familles ! Pourvu qu'il ne leur soit rien arrivé. Et Anna ! La tendre Anna ! Le souvenir de la bouquetière émeut quelques instants Johann. Ah, si elle avait pu le suivre à Berlin ! Sa vie aurait été tellement plus douce…

Depuis que Magdebourg a capitulé, le 8 novembre, c'est maintenant la Prusse entière qui obéit à Napoléon. Le maréchal Ney a pris là-bas vingt généraux, dix-huit mille habitants, plus de sept cents canons et des grands magasins en tout genre. Il a fait ouvrir les coffres de la banque, saisi les bijoux du prince de Hesse-Cassel et les a remis à l'Empereur. L'admiration de Johann pour Napoléon commence à s'effriter. Trop, c'est trop. Combien de morts cet homme a-t-il sur la conscience ?

Il y a aussi cette histoire de sucre qui exaspère infiniment Johann.

Depuis la bataille de Trafalgar, l'Angleterre détient la maîtrise des mers et du commerce mondial. Elle empêche donc les marchandises françaises de sortir et d'entrer dans les ports. Dont le sucre des Antilles, qui commence à faire cruellement défaut. Certes Napoléon s'est vengé le 21 novembre en instituant un blocus : aucune exportation anglaise ne foulera désormais le sol de l'Europe ! Il a dû se frotter les mains en envisageant les plaies qui pendent au nez de l'Angleterre : surproduction, faillites, chômage, révolte sociale ! La ruine assurée. Mais ça ne règle pas la question du sucre. Comment les confiseurs vont-ils s'approvisionner ?

Grand lecteur de gazettes, Johann a lu autrefois un article célébrant la découverte d'Andreas Sigismund Marggraf, célèbre chimiste de l'Académie de Berlin, mort en 1782 : la betterave contient du sucre véritable, « parfaitement identique à celui que l'on connaît de la canne à sucre ». Et voilà que, tout à coup, cette découverte est mise en application dans de petites fabriques, qui surgissent ici ou là ! Et signalent leur naissance dans la presse.

Johann s'attable à son bureau avec son papier à lettres, écrit à ces maisons. Il lui faut se dépêcher tant que cette nouvelle fabrication n'est pas encore trop connue. Tarifs. Délais de livraison. Mode de transport. Les cinq lettres, pourtant analogues hormis le destinataire, l'ont épuisé. Il n'est pas Napoléon qui, en un même jour, pond des ordres, des décrets, des lettres à ses généraux et maréchaux, à M. de Talleyrand et M. Cambacérès, des messages au Sénat, et pour finir un billet à Joséphine. Bref, un violent mal de tête étreint Johann lorsqu'il cachette le dernier pli. C'est aussi qu'il digère mal cette ingérence napoléonienne dans la confection de ses friandises.

De l'air, de l'air ! Pour la première fois de sa vie, il délaisse la boutique sans bonne raison. Par chance, c'est un jour calme. Andrea se débrouillera. Et son épouse Frederika, qui a été formée dans la guinguette de son père, tient la caisse. Elle peut aussi servir les clients. Johann a envie de marcher, de respirer. Ses pas le portent Unter den Linden. Il passe devant la résidence belle mais toute simple qui abritait le couple royal avant sa fuite. Puis sous la porte de Brandebourg veuve de son quadrige. Puis dans le Thiergarten. Il avance maintenant avec lenteur dans l'allée centrale. Rares sont les promeneurs, rebutés par un petit froid vif. Une forme de sérénité s'empare bientôt de lui, mais n'empêche pas la tristesse. Il ne perçoit rien de ce qui l'entoure. Ni les plates-bandes où des astres roux jettent leurs derniers feux, ni les arbres aux branches bientôt dénudées. Il se remémore son face-à-face glorieux avec Napoléon. Puis l'instant magique où Mlle Isemer l'a embrassé. Avec son beau regard turquoise, ses cheveux de jais, sa bouche cerise. Il la voit comme si elle se tenait devant lui. Si claire et nette qu'elle pourrait être réelle. Mais le bout de son petit nez est rouge de froid, et elle tient ses mains au chaud dans un manchon de petit-gris. Elle a l'air si vrai qu'il ne peut s'empêcher de lui parler. Vous voilà enfin, mademoiselle Isemer ! Elle a un rire gêné, mais que ses yeux brillent ! Johann est-il devenu fou ? Prend-il ses désirs pour la réalité ? Elle éternue soudain, et à ce bruit il comprend qu'il ne rêve pas. Qu'elle se tient en chair et en os devant lui. Et son cœur chavire.

N'aimez-vous plus mes friandises pour avoir laissé passer tant de temps sans visiter ma confiserie ? lui reproche-t-il aussitôt. Elle détourne la tête. Ce n'est pas ça, dit-elle, rougissante. Vous préférez un autre établissement ? Pas du tout ! répond-elle vivement. Alors vous avez un galant, feint-il de comprendre. Elle proteste. Puis éternue encore une fois. Tire son mouchoir de dentelle, tapote délicatement le bout de son nez si joli. Vous allez prendre froid, s'inquiète Johann. Et dans le même instant, il hèle un fiacre vide qui passe dans l'allée.

Où puis-je vous déposer, mademoiselle Isemer ? À mon domicile, s'il vous plaît, monsieur Josty. Heidereutergasse 7.

Ils restent étrangement silencieux dans la voiture. S'inspectent à la dérobée. Quand un cahot les jette épaule contre épaule, Johann s'excuse de n'avoir pas mieux résisté à la poussée. Ce n'est rien, dit-elle d'un ton très doux. Un sourire timide les unit.

Les voici Heidereutergasse. Johann règle la course du cocher, puis contourne la voiture pour aider Mlle Isemer à en descendre. Leurs mains restent jointes quelques instants. Brûlantes malgré le froid. Leurs yeux se rencontrent. Johann n'a jamais échangé avec personne un regard d'une telle intensité. Les yeux turquoise s'allument de paillettes d'or. Et soudain se dérobent. Mlle Isemer pousse la porte de l'immeuble. J'ai créé un nouveau gâteau au chocolat, lance Johann comme une bouteille à la mer. Me permettrez-vous bientôt de vous en offrir ? Oui, très bientôt, promet-elle. Merci de votre compagnie, monsieur Josty. Et elle disparaît dans l'entrebâillement. La porte se referme avec un bruit sec. Très bientôt, se répète Johann en fixant longuement la porte.

Très bientôt, se répète-t-il encore chaque jour qui passe. Le matin, il s'éveille plein d'espoir, le soir tombe abattu sur son lit. Enfin, un jeudi, Mlle Isemer se tient rayonnante devant lui. Et dégustant le gâteau au chocolat, qu'elle apprécie fort, elle dit soudain, l'air de ne pas croire à ses propres paroles : Avec un cercle d'amis, nous nous recevons tour à tour et faisons des lectures. Je donne une collation demain soir. Voulez-vous être des nôtres, monsieur Josty ? Johann laisse quelques instants s'écouler, le temps que passent dans la rue ces assourdissants tambours français qui étouffent les voix les plus toniques. Avec joie, mademoiselle Isemer, peut-il enfin s'écrier.

Le confiseur n'a jamais été aussi attentif à sa toilette que ce soir-là. Il s'est torturé l'esprit pour décider du petit présent à emporter. Des fleurs ou des friandises ? Des friandises ou des fleurs ? Il a finalement opté pour des fleurs en massepain. Amoureusement confectionnées dans la journée. Parfumées à l'eau de rose. Joliment enveloppées dans du papier noué de faveurs vertes, la couleur de l'espoir. C'est empli de timidité que, son bouquet couché sur le bras, il se dirige vers la Heidereutergasse. Ses lectures de la gazette ne lui ont pas laissé ignorer que cercles et salons littéraires foisonnent à Berlin, dans toutes les couches de la société, mais il n'a jamais assisté à aucun. Il prend soin de marcher lentement pour éviter d'arriver trop tôt. Telle est sa hâte de revoir la belle personne.

J'ai cru que vous aviez oublié, monsieur Josty ! s'écrie Mlle Isemer. Comment aurais-je pu ? s'indigne-t-il. Mais il a mal entendu l'heure de la réunion, la faute aux tambours français. Il est en retard. La lecture a déjà commencé. Je suis désolé, dit-il, plein de confusion. Et s'apprête à repartir, le cœur en berne. Mais que faire de son bouquet ? Entrez donc ! chuchote l'hôtesse en refermant doucement la porte. Il pose son présent sur le coin d'une petite table et se glisse dans le salon, honteux de faire crisser le parquet. Une dizaine de personnes, assises en cercle, écoutent avec ferveur un homme d'une maigreur extrême, debout face à la cheminée, portant barbe et longues moustaches grêles, qui tient un livre et déclame des vers. Un libraire, apprendra plus tard Johann.

Bald gras ich am Neckar, bald gras ich am Rhein ;
Bald hab' ich ein Schätzel, bald bin ich allein !
Was hilft mir das Grasen, wenn d' Sichel nicht schneid't !
Was hilft mir ein Schätzel, wenn's bei mir nicht bleibt.

Tantôt je fauche près du Neckar, tantôt je fauche près du Rhin,
Tantôt j'ai une bien-aimée, tantôt je suis esseulé !
À quoi sert-il de faucher si ma faux ne coupe pas bien ?
À quoi sert une bien-aimée si elle va me quitter ?

Johann sort étourdi de cette soirée. D'autres poésies ont été lues. Le recueil s'intitule *Des Knaben Wunderhorn – Le Cor merveilleux de l'enfant*. Il a été publié voici un an par MM. Achim von Arnim et Clemens Brentano. Le premier a collecté de vieux chants populaires, le second les a mis en forme. Bien sûr tous ignorent que Gustav Mahler, à la fin du siècle, mettra superbement en musique ces textes qui évoquent des paysages ou les amours de bergères et de soldats. En attendant, ils ont fait forte impression sur Johann. Ils lui rappelaient son pays natal. Plus d'une fois, il a échangé un regard complice et enchanté avec son hôtesse. Elle s'appelle Caroline. Mais après la lecture, il a très vite quitté l'assemblée, souffrant de devoir partager Caroline avec les autres invités. Ils la connaissaient de longue date. Johann ignorait tout d'elle. Ni son passé ni son présent ne lui étaient familiers.

Une semaine s'est écoulée. Johann ne cesse de penser à Caroline. Elle a pour lui toutes les qualités d'une femme digne de ce nom. Elle est vive, belle, joyeuse, intelligente. Il désespère. Quelques jours plus tard, la voici qui apparaît enfin dans la confiserie. Tôt le matin. Par chance, elle est encore la seule cliente. Il l'installe, s'assied près d'elle. Il la regarde croquer ses macarons à petites bouchées gourmandes, essuyer délicatement les miettes sur ses lèvres, boire une gorgée de café. Et tout soudain, des mots lui jaillissent du cœur. Accepteriez-vous de m'épouser, mademoiselle Caroline ?

22.

Eh bien non, Caroline n'a pas accepté d'épouser Johann ! Et pourtant, ils s'aimaient.
Et pourtant, une petite fille leur est née en 1807. Johanna Caroline.

Lorsque Johann, dans la confiserie, a demandé si Caroline acceptait de l'épouser, elle a pâli. Hélas non, monsieur Johann, très très cher monsieur Johann ! Il a suffoqué, il n'en croyait pas ses oreilles. Cependant l'amour, il le voyait, transparaissait dans les beaux yeux de Caroline. C'était un dimanche, et après la parade la boutique s'était d'un coup emplie d'uniformes bariolés. On se marchait sur les pieds. Accepteriez-vous de me rendre visite ce soir ? pria Caroline. Je vous expliquerai.

Il passa la journée tel un automate. S'interrogea en permanence sur le mobile de Caroline. Était-ce la différence d'âge ? Elle avait semblait-il treize ans de moins que lui. Il accomplissait ses tâches sans y penser. Il ne voyait que Caroline. Le visage de la jeune femme s'imprimait sur les bocaux de pastilles à la violette, sur les massepains à la cerise, flottait à la surface du café ou du chocolat, usurpait le profil des dames, se reflétait dans les vitres. Il ne tenait pas en place. Décida d'aller se fournir en mort-aux-mouches chez Conrad, au coin de la Frankfürterstrasse et de la Baumgasse. Mais la boutique était fermée. Il avait oublié qu'on était un dimanche ! Il retourna chez lui. S'apprêta. Repartit. Revint pour passer une chemise de meilleur tissu dont il avait oublié l'existence, allez savoir pourquoi. Enfin, le cœur battant, il sonna chez Caroline. La nuit tombait doucement.

La demoiselle était seule. Il couvrit ses mains de baisers brûlants. Elle ne protesta pas. L'entraîna dans le salon. Le fit asseoir sur une banquette tapissée de velours à larges raies jaune soleil et vert mousse. S'assit auprès de lui. Silencieuse.

Pourquoi refusez-vous de m'épouser ? dit-il alors avec douleur. Je ne vous plais donc pas ? Oh, si vous me plaisez, monsieur Johann ! s'écria-t-elle. Vous me plaisez même beaucoup. Mais je suis… je suis juive, confia-t-elle en baissant les yeux. Elle désigna un grand chandelier d'argent à sept branches. Vous voyez ? Johann éclata de rire. Ce n'était pas un obstacle. Nous partageons l'Ancien Testament, observa-t-il. Elle opina de la tête, les yeux voilés de tristesse. Puis conta l'histoire de ses parents.

Ils avaient émigré à Berlin avant la naissance de Caroline. D'où venaient-ils ? L'histoire ne le dit pas. De Bohême, Hongrie, Lituanie, Galicie ? On ne sait.

Ils parlaient l'hébreu et le yiddish. Se mirent à la langue allemande pure. Sous l'influence du penseur juif Moses

Mendelssohn, ils voulaient sortir de l'isolement juif perpétué dans les ghettos, s'adapter aux exigences du temps, s'intéresser aux domaines profanes, mais garder l'esprit de leur religion. Mendelssohn ? interrogea Johann. Il a initié le courant de la *Haskala*, un mot hébreu qui signifie intelligence, lui apprit Caroline. C'est un mouvement qui, dans le domaine juif, correspond à la philosophie des Lumières. Les juifs ont été invités à abandonner le costume du ghetto, à refuser de subir la ségrégation et une législation discriminatoire, à s'engager dans des métiers dont ils avaient été exclus jusque-là, l'agriculture par exemple, ou les professions libérales.

Les parents de Caroline restèrent cependant très attachés à leur foi. Dès que leurs moyens le leur avaient permis, ils avaient cherché à se loger dans la Heidereutergasse, où s'élevait la synagogue, où se tenait l'école juive. M. Isemer fermait sa boutique d'étoffes tôt le vendredi après-midi et le samedi afin de fêter le shabbat. Mme Isemer ne préparait jamais ni viande de porc, ni volailles étouffées avant d'être saignées, ni poissons sans écailles. Elle trempait la viande et la couvrait de gros sel pour en faire échapper le sang, veillait à ne jamais mélanger les aliments carnés et lactés. Le couple respectait les grandes fêtes. Il fallait être attentif à remplir d'une part les devoirs envers la religion, d'autre part les devoirs envers l'État.

Mon père est mort renversé par une voiture, poursuivit Caroline. Avant son décès, il m'a suppliée de ne jamais me marier en dehors de notre foi. Voilà, monsieur Johann, vous savez tout. Ne soyez pas vexé par mon refus. Il n'y va pas de votre personne, que j'apprécie infiniment.

Et madame votre mère ? interrogea Johann, touché par les derniers mots de Caroline. Elle s'est éteinte voilà un peu plus d'un an. Ses rhumatismes lui ont gâché la fin de sa vie. Elle ne sortait presque plus. Sur son lit de mort, elle m'a fait jurer de n'épouser qu'un juif. Elle et mon père ont voulu me marier à trois reprises. J'ai refusé les partis qu'ils me proposaient. Ils en ont été très chagrinés. Les landaus croisés dans la rue, les poupons sur les genoux de leur mère leur arrachaient des sourires tristes. Mais, malgré ma douleur de les décevoir, je n'ai pas pu m'incliner. Aucun de ces messieurs ne m'a donné le désir de vivre à son côté. Le premier ne pensait qu'à manger, le deuxième qu'à étudier et le troisième ne m'inspirait que de la répulsion.

Ils parlèrent tard dans la nuit. *Ich möchte Sie herzen*, lui dit-il. J'aimerais vous chérir, vous cajoler. Une confidence de Caroline ne fit qu'accroître l'amour que Johann lui portait. Être née juive n'est pas anodin, lui avoua-t-elle. C'est comme d'être née avec un signe dans le dos. Aujourd'hui, Caroline aurait parlé de tatouage plutôt que de signe. Un tatouage dans le dos, le tatoué l'oublie mais d'autres y collent leurs yeux. C'est alors qu'il lui avait dit je t'aime dans toutes les langues connues de lui. *Ich liebe dich, je t'aime, ti amo, eau t'am.* Pour lui, l'amour ne connaissait ni de nationalité ni de confession. Ma Lina, ajouta-t-il avec tendresse. Et de ce jour, elle resta Lina pour lui.

Johann ne quitta la Heidereutergasse qu'au petit matin, revint le soir. Il ne dormit plus une seule fois dans sa chambre grise. Comme il voulait loger près de la *Zuckerbäckerei*, il trouva un appartement dans la Stechbahn. Lina y transporta ses robes et ses meubles. Johann lui offrit un anneau d'or et d'émail, comme s'ils étaient mariés. Ni bans ni cérémonie n'avaient scellé leur union, mais un bonheur profond les comblait.

C'était trop beau. Il se produisit alors le pire qui pût arriver. À la joie de s'éveiller ensemble le matin succéda l'horreur lancinante du soir. Lina attendait un enfant. Désastre. Scandale absolu. La honte et l'indignité à jamais. Le qu'en-dira-t-on allait s'acharner sur elle. Elle vivrait dans l'opprobre. Abattue, Lina encore si joyeuse il y avait peu de temps ne cessait de sangloter. Rejetait tout aliment. Johann se sentait coupable. Il avait détruit la vie de la femme aimée. À nouveau, il lui proposa le mariage. Elle refusa encore, incapable de transgresser la promesse faite à ses parents.

Préférant éviter les situations embarrassantes, elle fuyait désormais les parages de la Heidereutergasse afin de ne rencontrer aucun habitué de la synagogue, aucune maman attendant son enfant à la sortie de l'école par elle autrefois fréquentée. Ensuite, elle déserta son cercle de lectures. Trop politique ! expliqua-t-elle à ceux qui, l'ayant croisée en ville, lui demandèrent des comptes, ajoutant qu'elle préférait les poèmes aux pamphlets, que ces interminables discussions sur la reine de Prusse l'insupportaient. Elle mentait.

Louise, reine de charme ou va-t-en-guerre ? Ange ou démon ? Les uns soutenaient qu'elle avait monté Frédéric Guillaume contre Napoléon. L'avait persuadé de se lancer dans la bataille. Était cause du carnage d'Iéna et du désastre de la Prusse. Revient-il aux femmes de se mêler de politique ?

contestaient-ils. Oui, rétorquaient les autres. Dans ce cas, oui. Cette femme au charme envoûtant n'est pas que splendide. Elle est sage, intelligente. Connaissez-vous sa devise? « Justice, amour, foi, vérité. » Lina admirait la reine, et souffrait de la voir subir à présent malheur et pauvreté. Quel malotru était donc ce Napoléon pour avoir osé saisir dans sa chambre sa correspondance avec le tsar Alexandre, et avoir publié dans les Bulletins de la Grande Armée des propos infamants à son sujet! Ainsi: « La reine de Prusse excitait sans cesse le roi et les généraux. Elle voulait du sang. » Ou bien: « Elle était ici pour souffler le feu de la guerre. » Lina eût aimé prendre parti pour la reine. Mais, préférant cacher son tourment, elle renonça aux soirées qui l'enchantaient.

Or, cela ne résolvait pas le plus important. Allaient-ils recourir à une faiseuse d'anges? Bien sûr, ils y pensèrent. Ne purent l'accepter. C'était tuer le fruit de leur amour, et Lina risquait d'y perdre la vie.

Jour après jour, ils cherchaient une solution. N'en trouvaient aucune. Étaient au désespoir. Le tour de taille de Lina commençait à s'arrondir, et Johann maigrissait. Que t'arrive-t-il? interrogea Andrea. Ces derniers temps, tu as l'air complètement abattu. Johann commença par nier. Puis, n'y tenant plus, il avoua. Et nous qui n'avons toujours pas d'enfant! soupira Andrea. La vie est mal faite. Si tu veux bien, je vais en parler à Frederika. Elle aura peut-être une idée. Elle aura sûrement une idée. Ne t'en fais pas.

Ils eurent de la chance dans leur malchance.

Frederika partit voir ses parents, revint avec le sourire. La sœur de son père était une sage-femme. Elle vivait non loin de la guinguette Zur Rose, où les parents de Frederika acceptaient d'héberger Lina jusqu'à la naissance de l'enfant. L'invitation fut acceptée dans la joie. Quel soulagement ! À ceux qu'elle rencontra, la jeune femme se dit alors obligée d'aller à Potsdam au chevet d'une cousine enceinte, gravement malade. Sans famille. Et veuve. Son mari avait péri à la bataille d'Iéna. Lina prit la route de Potsdam à la fin du mois d'avril 1807 et s'arrêta en chemin, à la guinguette Zur Rose.

Lorsque Johann lui rendait visite, il leur arrivait d'évoquer Napoléon. Ne lui devaient-ils pas leur amour, malgré tout ? Ils éprouvaient pour l'Empereur un mélange de gratitude et de détestation.

À l'automne 1806, le tsar Alexandre avait envoyé soixante mille hommes au secours des soldats prussiens qui affrontaient la Grande Armée. Ils étaient arrivés trop tard. Après la bataille d'Iéna. Les Russes avaient alors attendu, jusqu'en décembre, les renforts qui leur permettraient de se mesurer aux forces napoléoniennes. En supériorité numérique, ils étaient ensuite passés à l'offensive en janvier 1807. Succès mitigé. Ce qui permit à Napoléon de reprendre l'initiative. Et de provoquer le carnage d'Eylau. Une « boucherie », de son propre aveu. Les Russes avaient perdu trente mille hommes, les Français plus de vingt-cinq mille. Militairement, Napoléon était vainqueur, moralement il était perdant. Puis en juin, au soir de la bataille de Friedland, l'armée russe se retira dans le chaos au-delà d'une rivière où nombre de fuyards se noyèrent. Il ne restait plus au tsar qu'à mendier la paix.

Ce qu'il fait à présent à Tilsit. Après la signature d'un armistice, les empereurs Napoléon et Alexandre s'y rencontrent le 25 juin dans un pavillon élevé sur un radeau au milieu du Niemen. Acceptent le roi de Prusse quelques jours plus tard dans la conversation. Montent chaque matin à cheval. Napoléon et Alexandre prennent le galop, laissant Frédéric Guillaume derrière eux. Celui-ci pense néanmoins disposer d'une arme secrète afin d'obtenir la clémence de Napoléon dans les négociations : la reine Louise, si pleine de séduction. Même si elle n'éprouve que haine et mépris envers ce souverain : il parle moins bien le français que le tsar ! Il a un accent ! Elle va donc vers lui le 6 juillet avec autant d'entrain qu'un veau à l'abattoir. Cependant lui fait un sacré numéro, d'après le récit que Napoléon en donnera dans le *Mémorial de Sainte-Hélène* : elle le reçoit telle « Mlle Duchesnois dans Chimène, demandant, criant justice, renversée en arrière ; en un mot tout à fait en scène : (...) de la véritable tragédie ». Elle sollicite. Supplie. Implore. Napoléon est-il touché malgré lui ? S'efforce-t-il de contenter Alexandre, dont nous ignorons les pensées secrètes ? Histoire officielle et mobiles cachés ne font pas forcément bon ménage. Toujours est-il que Napoléon restitue au roi de Prusse la moitié de sa monarchie, alors qu'il aurait pu la rayer de la carte. De son côté, Alexandre reconnaît la confédération du Rhin et les trois frères d'un vainqueur soucieux de la fortune familiale – Joseph, Louis et Jérôme –, comme rois de Naples, de Hollande, de Westphalie. Il jure une alliance éternelle avec la France, et de faire la guerre à l'Angleterre.

La reine Louise mourra le 19 juillet 1810, minée par la défaite. Peut-être aussi par l'éloignement d'Alexandre ?

Cependant, en 1807, Johann et Lina doivent s'occuper de leur propre famille. Car le jour de la signature de la paix de Tilsit, Johanna vient au monde, petite merveille. Par chance, c'est une fille, et la question de la circoncision ne se pose pas à Lina. Elle revient à Berlin, le poupon dans ses bras, contant à qui veut l'entendre que la mère est décédée en donnant le jour à l'enfant. La petite, restée ainsi sans famille, était si mignonne que Lina n'a pas pu se résoudre à la laisser partir pour l'orphelinat.

Aujourd'hui, Johann reconnaîtra Johanna à la mairie. Puis tous trois iront promener leur frais bonheur, comme n'importe quels promeneurs.

23.

À chaque promeneur son but.

« *Wanderer, steh'! Hier geht's zu Josty ein, dem Konditor! Nur wenn da du geschmaust, sage, du warst in Berlin.* » « Promeneur, arrête-toi. C'est ici qu'on entre chez Josty, le pâtissier. Seulement après t'être régalé, tu pourras dire que tu as été à Berlin. »

De quelle année date cette sentence, on l'ignore, mais elle a existé. Johann s'est par ailleurs acquis une renommée particulière pour ses gros *Devisenbonbons*, les bonbons à messages, enveloppés dans un papier très fin qui comporte un proverbe, un adage ou une sentence, puis dans un épais papier de couleur. L'un de ces textes est : « *Liebe wunderbare Fee, selbst Dein Wehe tut nicht weh* », qu'on peut adapter ainsi : « Chère et merveilleuse fée, même ta pique ne pique pas. » La demoiselle ou la dame qui découvre la devise sous le papier coloré la partage avec les convives. Éclatent alors rires et cris de joie. L'existence des *Jostyschen Devisenbonbons* est attestée dans un roman de l'écrivain allemand Theodor

Fontane (1819 – 1898), *Schach von Wuthenow*, où l'on s'amuse à la fin d'un repas de noces. Fontane a placé son récit à l'été 1806.

Mais c'est en 1812 que survient la métamorphose de la Zuckerbäckerei Johann Josty & Co. Johann et Andrea agrandissent les locaux, s'adjoignent deux associés engadinois : Jachem Zamboni de Bever et Christoffel Pedotti de Ftan. Sans doute ne verra-t-on pas ces compères trimer sur place. Ils sont occupés en d'autres lieux, ont placé leurs avoirs en participation dans le commerce géré par un confiseur qui leur paraît prometteur. On travaille entre gens du pays, ce qui est source de garantie. Le contrat en romanche de la société, qui maintenant s'appelle plus simplement Johann Josty & Co., pose pour condition qu'ils devront choisir « *ün hom Grischun* » comme juge en cas de désaccord.

À l'égal de nombreux *Zuckerbäcker* grisonnais, Zamboni et Pedotti ont dévalé leurs montagnes pour se lancer à l'assaut de l'Europe alors qu'ils étaient encore imberbes. Et certains de leurs camarades sont même partis pour l'Algérie, l'Amérique du Nord ou le Vietnam. Dolf Kaiser, le grand spécialiste de la question, en a identifié plus de quatre mille dans son ouvrage *Fast ein Volk von Zuckerbäckern?* (Presque un peuple de confiseurs ?). Ils ont fait, et font encore à travers leurs descendants, les délices de petites et grandes cités. Ceux-là ont réussi. Mais combien sont morts sur place ou revenus les mains vides, à l'exemple de Michel Josty, le père de Johann ?

Ils ont souvent accompli un long périple, été exploités de lieu en lieu, n'ayant pas eu la chance de tomber sur un patron désireux de partager son art. Treize mille garçons seraient en tout partis à l'aventure jusqu'à la Première Guerre mondiale.

Quant à Zamboni, il a créé en 1790 une pâtisserie-confiserie à Hirschberg en Silésie, aujourd'hui Jelenia Góra en Pologne. Auparavant, il a dirigé la Hof-Conditorei Orlandi à Dresde. Il possède également des parts d'un établissement situé à Glogau, à présent Głogów en Pologne. Né en 1769, ce n'est pas un perdreau de l'année.

Les quatre mille *Zuckerbäcker* recensés par Dolf Kaiser filent ou fileront le sucre dans l'Europe entière. En Allemagne, outre Magdebourg, Berlin et Hirschberg, par ordre aléatoire, à Hambourg, Hanovre, Königsberg, Stettin, Francfort-sur-l'Oder, Danzig, Halle, Breslau, Potsdam, Lubeck, Munster, Rostock, Leipzig, Göttingen, Flensbourg. En Italie, à Rome, Florence, Vérone, Modène, Trieste, Pérouse, Corregio, Reggio Emilia, Turin, Naples, Gênes, Pise, Brescia, Mantoue, Livourne, Bologne, Fiume, Agrigente en Sicile, Cagliari en Sardaigne. Sur l'île de Malte, à Lavalette. En Autriche, à Vienne, Salzbourg, Graz, Prague, Budapest, Lemberg. En Russie, à Odessa, Riga, Wilna, Vladivostok, Moscou, Saint-Pétersbourg. En Roumanie, à Jassy. En Ukraine, à Kiev, Poltava, Charkiw, Mahiliow. En Géorgie, à Tiflis, Batoumi. En Azerbaïdjan, à Bakou. En Ouzbékistan, à Tachkent. Au Danemark, à Copenhague. En Belgique, à Bruxelles, Mons, Anvers. Aux Pays-Bas, à Amsterdam. En Suède, à Oslo, Malmö. En Finlande, à Helsinki, Wyborg. En Espagne, à Madrid, Grenade, Cordoue. Au Portugal, à Lisbonne. En Turquie, à Istambul. En Pologne, à Cracovie, Varsovie, Hrubieszow. En Croatie. En Slovaquie. En Slovénie, à Ljubljana. En Angleterre, à Londres, Southampton. En France, à Versailles, Marseille, Bordeaux, Caen, Toulouse, Morlaix, Carcassonne, Limoges, Nîmes, Arles, Manosque, Aix-en-Provence, Rouen, Besançon, Lectoure, Nantes, Angoulême, La Rochelle, Montpellier, Rouen, Brest, Angers, Moulin, Laval, Thiers, Toulon, Nice, Niort. Rien qu'à Lyon, on en a compté cent cinquante-deux, et six cent trente à Paris.

Et puisqu'il est question de Niort, sachez que Daniel Josty n'a pas chômé ces dernières années. Il a appris l'art de faire la bière avec M. Valz, brasseur, dans un établissement qu'ils ont monté ensemble. Jusqu'en 1809, Daniel lui a accordé la moitié du bénéfice. « Au bout de trois ans, a écrit Daniel, ayant fait d'assez bonnes affaires, mon brasseur a pris son avoir et a quitté Niort pour Bordeaux, où il a établi une brasserie pour son compte. Je continue de diriger le café et la Brasserie suisse de Niort. »

Lina regarde avec tendresse Johann câliner la petite Johanna. Rencontrera-t-elle un jour les deux enfants de mon frère Daniel ? questionne Johann. L'état de confiseur laisse si peu de temps pour la vie de famille. Aussi ne voit-il pas souvent sa petite Johanna. Elle dort quand il quitte l'appartement, quand il y revient. Lorsque Lina, dans l'après-midi, après la sieste de Johanna, se présente avec elle, Johann la prend dans ses bras, la mange de baisers, lui fait choisir un gâteau ou des biscuits. Elle est enchantée. Elle gargouille de plaisir. Mais l'atmosphère se gâte lorsque des clientes veulent à leur tour la prendre dans leurs bras, ou pire, pincer ses bonnes joues. Ce qu'elle déteste. Elle se met à hurler. Il faut partir. Mère et fille montrent encore le bout du nez au retour de la promenade, puis Johann ne reverra pas sa petite Johanna avant le lendemain.

Il pourrait engager un compagnon supplémentaire. Et respirer, voyager. Mais, à l'inverse de Daniel, il ne supporte pas d'être éloigné de la boutique. Il n'a rien changé au rythme effréné de ses débuts. Il lui faut veiller à tout. À la qualité des provisions comme à la tenue des faveurs entourant les paquets emportés par les gourmands qui se pressent à la *Zuckerbäckerei*. Que dis-je ? Au Café Josty !

Une vaste table accueille à présent les consommateurs. Johann leur offre la lecture de plusieurs bulletins et gazettes, une nouveauté. Son modèle d'entreprise de pâtisserie jumelée avec un salon de thé instaure à petits pas l'usage du *Kaffee Kuchen*, café et pâtisseries, qui survit de nos jours dans les pays germaniques. Le rayon de confiserie est pris d'assaut. Les vitrines de Noël attirent chaque année plus de visiteurs. À partir de 1820, des dioramas[1] gigantesques éclaireront de façon spectaculaire d'énormes sujets en sucre, massepain et chocolat. On est loin de la petite porte de Brandebourg avec ses pâtés de fleurettes. Les scènes représentées seront souvent historiques et grandioses, tel l'enlèvement des Sabines ou l'incendie de Rome. Johann perfectionnera ses recettes. En inventera de nouvelles. Sa tarte aux noix et à l'orange lui vaudra un franc succès.

1. Tableau sur toile tendue verticalement et éclairée, où sont peints en couleurs transparentes des décors et des paysages, de manière à faire apparaître les sujets dans leur environnement habituel.

En 1821, l'écrivain et poète Heinrich Heine, 23 ans, se promènera dans les parages : « Tout droit devant vous est la Stechbahn, espèce de boulevard. C'est là que demeure Josty ! Ô vous, dieux de l'Olympe, comme je vous dégoûterais de votre ambroisie, si je décrivais les douceurs accumulées chez Josty ! Oh ! si vous connaissiez le contenu de ces *Baisers* ! Aphrodite, si tu avais émergé d'une semblable *Écume*, tu serais beaucoup plus douce encore ! Le local est étroit, il est vrai, avec un air lourd, et décoré comme une taverne ; (...) Encaqués comme des harengs, les petits-fils des Brennes[1] sont assis là-dedans, et sirotent de la crème, et font claquer leur langue de plaisir et se lèchent les doigts.

Fuyons ! Fuyons ! la porte s'entrebâille ;
Mon œil y plonge et mon cœur en tressaille.
À cet aspect mon faible cœur tenté
Déjà se noie en pleine volupté[2]. »

S'il avait poussé la porte, Heine aurait peut-être rencontré les frères Grimm, ou d'autres écrivains fidèles du Café Josty. Mais, poursuivant sa promenade berlinoise, il découvre la nouvelle Bourse, splendide. Fréquentée par des commerçants, des fonctionnaires, des savants et des « personnes de toutes les classes ». La partie la plus curieuse est la salle de lecture. Et « Josty est chargé du restaurant et de la confiserie. Les garçons portent tous des livrées brunes à galons d'or ». À partir de 1820 s'arrondit en effet une bulle qui n'a rien d'éthéré ni de vaporeux : l'empire Josty. Des

1. Terme qui désigne les Brandebourgeois.

2. *Lettres de Berlin*, in *De tout un peu*, Calmann-Lévy, 1890.

participations étoffent, consolident d'autres établissements que le restaurant de la Bourse. À Berlin même, ou à Danzig, Breslau, Braunschweig, Leipzig, Brême, Hambourg, Minden, Stettin, Potsdam, Francfort-sur-l'Oder, Kassel. Liste peut-être incomplète. « Formant bientôt un véritable empire commercial, elle (la maison Josty) fut au XIXe siècle la plus importante entreprise grisonne de cafés-confiseries à l'étranger », confirme le *Dictionnaire historique de la Suisse*.

Or, en 1864, mauvaise nouvelle : la ville exproprie l'immeuble ! Cependant le Café Josty se récupère quelques pas plus loin, sur la Schlossfreiheit, la place qui s'étend devant le château royal. Et en profite pour s'agrandir. L'un des plus beaux établissements de Berlin, dit-on, et peut-être même du monde entier. Las, la « nation reconnaissante » le démantèle quinze ans plus tard au profit d'un monument de vingt et un mètres de haut comportant une statue équestre de Guillaume Ier ! Le Café Josty met donc les voiles pour la Potsdamer Platz, et s'adjoint une vaste véranda d'où dames à boa et messieurs en haut-de-forme se plaisent à regarder passer les calèches et le tram. L'inscription géante J. Josty & Co surmonte l'immeuble.

Au fil des années, défileront des habitués prestigieux. Emil Kästner y écrira *Émile et les Détectives*, avec une scène qui se déroule dans le café même. L'artiste d'avant-garde Hans Arp y rencontrera ses amis dadaïstes. Mais en 1943, une bombe réduira le café en poussière. N'ayez crainte, il renaîtra plusieurs fois de ses cendres. Aujourd'hui, passé de main en main, il vous attend depuis 2001 dans le Sony

Center, toujours Potsdamer Platz, au cœur de l'un des nouveaux quartiers les plus impressionnants de Berlin.

Mais ce samedi 29 février 1812, Johann est loin, malgré son ambition, d'imaginer un futur aussi brillant. Son nouvel apprenti doit se présenter d'une heure à l'autre. Caspar. Le premier garçon embauché depuis la métamorphose de la *Zuckerbäckerei*. Il vient de Sils.

24.

Johann est surpris de la ressemblance de Caspar avec le gamin qui atteignit Magdebourg un certain jour de 1785. Épaisse tignasse couleur de châtaigne. Yeux marron aussi vifs que des billes de mercure. Malingre. Nerveux. Taiseux. La différence, c'est que Caspar a déjà 14 ans, qu'il porte des souliers et des vêtements en bon état. Son père a cousu les souliers, et sa mère l'a vêtu de neuf pour le départ. Il a emporté des provisions, un peu d'argent. Le voyage leur a pris un mois, à lui et un copain de Saint-Moritz attendu par le patron de la Conditorei L'Orsa. Ils ont marché d'un pas régulier. Sont arrivés en fin de journée.

Johann reçoit tous les apprentis de la façon dont cousin Jacob l'a reçu lui-même. Il offre des *Pasteten* et observe comment ils sont ingurgités. Caspar gobe quasiment les siens. Bon signe ! Autant accélérer la procédure. J'ai préparé ton contrat, dit Johann. Il court du 1er mars 1812 au 28 février 1817. Ah, c'est demain le 1er mars ! comprend le gamin. Je ne savais plus quel jour on est. Eh bien, c'est la première fois que je ne ferai pas le *Chalandamarz* !

Les yeux de Johann se brouillent. Il se revoit avec les autres gamins, agitant le plus fort possible la cloche de vache qu'il porte en bandoulière afin de chasser les esprits de l'hiver et souhaiter la bienvenue au printemps. Ils ont commencé à 6 heures du matin. La température vogue bien au-dessous de zéro. Ladina marche à son côté. Des frissons lui picotent l'échine. Il se sent soudain si fatigué qu'il appelle Andrea et lui demande de lire le contrat au garçon avant de le lui faire signer. Je vais me coucher, dit-il, et je serai d'attaque demain matin.

Cependant la nuit est mauvaise. Johann s'agite tellement qu'il éveille plusieurs fois Lina. Il a tantôt froid, tantôt chaud. Il frissonne, il transpire. Au matin, que ses articulations sont lourdes ! Comme lestées de plomb. Ça ira, songe Johann. Il faut que ça aille. Il veut demander à Anton, son ouvrier préféré, de piloter l'apprenti, ainsi que Franz l'a fait pour lui. C'est important de commencer avec un bon maître, et il sent en Caspar l'étoffe de la réussite.

Lorsque Johann arrive à la boutique, le garçon attend déjà, vêtu de frais. Apercevant Anton, qui remonte de la cave, Johann lui présente aussitôt Caspar. Tiens, dit-il, je te le confie. Apprends-lui à devenir des nôtres. Avec plaisir, monsieur Josty, répond l'ouvrier. Qui passe aussitôt un bras autour des épaules du nouveau, disant : Tu vas t'occuper du feu pour commencer.

Johann tient à peine debout. Il a des suées, la bouche sèche, la tête et le ventre douloureux. Il lui faut s'étendre. Les quelques mètres qui le séparent de l'immeuble où il demeure lui paraissent un kilomètre. Il doit s'arrêter au milieu de l'escalier pour souffler, tel un vieux bœuf en bout de course. Enfin, il tombe sur son lit. Épuisé. Lina s'inquiète. Elle ne l'a jamais vu aussi pâle, veut appeler le médecin, mais Johann refuse. Il se déshabille avec peine. S'endort. S'éveille. Se rendort. S'éveille à nouveau. Des images défilent dans sa tête. Il revoit son dernier *Chalandamarz*, les garçons et les filles au visage rougi par le froid. Les cloches sonnent, carillonnent toujours plus fort. Et maintenant des houlettes le menacent. Et le conducteur qui chasse vigoureusement les esprits avec son fouet fait siffler les lanières si près de lui qu'il craint d'être blessé. Cependant Johann ne recule pas, car il cherche Ladina. Toutes les filles lui tournent le dos. Il croit pouvoir reconnaître Ladina à son châle, pense l'avoir trouvée, mais la jeune fille tourne la tête, et ce n'est pas elle. Il scrute les broderies des châles jusqu'à s'en éblouir les yeux. Les verts feuillages se mêlent aux roses, marguerites, campanules, œillets. Soudain il s'aperçoit que les têtes ont disparu. Les châles à l'encolure vide voguent sur les longues jupes. Il appelle Ladina malgré le vacarme des cloches. Personne ne l'entend. Il s'égosille. Il sent qu'on lui saisit la main. Se débat. Il s'éveille en sueur. Sa main gauche ! Que lui arrive-t-il ? Au secours ! hurle-t-il. Ne craignez rien, entend-il. Et calmez-vous. Il faut que je vous prenne le pouls.

Lina pose délicatement une compresse humide sur son front bouillant. Tu es très malade, Johann. Il croise le regard inquisiteur du médecin et referme les yeux. S'endort à nouveau. S'éveille lorsque Lina lui fait prendre une potion, une infusion. C'est à présent Barbla qui lui apparaît. Et lui parle. Je suis encore vivante, mon fils. Mais qui sait pour combien de temps ? Me refuseras-tu la joie de te revoir une dernière fois ?

Johann passe plusieurs jours au lit, très affaibli. Puis les forces reviennent peu à peu. Il pense à sa mère, aux bonheurs simples de son enfance, avant la chute de Flocca. L'émotion le submerge. Pourquoi n'irait-il pas à Sils ? Daniel y est bien retourné ! Le Café Josty et ses autres commerces peuvent rouler quelque temps sans lui. Andrea et Frederika veilleront à tout. Et puis les routes de Suisse sont calmes à présent. Ni Autrichiens ni Français ne cherchent à s'en emparer. Napoléon a porté ailleurs son cœur et la bataille. Il a créé le duché de Varsovie pour répondre à l'amour de Marie Walewska, aussi éprise de lui que de la Pologne. Il a fait capituler Madrid, a pris Vienne, a subi une grande défaite, la première, à Essling, en mai 1809, bataille qui eut également pour conséquence la longue agonie et la mort du maréchal Lannes ; où les troupes furent contraintes de manger leurs chevaux de selle et de trait. Il s'est vengé à Wagram, acculant les Autrichiens à une situation désespérée, a divorcé d'avec Joséphine, a pris Séville, a épousé l'archiduchesse d'Autriche Marie-Louise de Habsbourg-Lorraine, manière de sceller une alliance avec la maison d'Autriche si férocement combattue. Il a porté l'Empire à cent trente départements, a eu un fils, aussitôt baptisé le roi de Rome. Et il vient de conclure une alliance franco-prussienne. Si bien que Frédéric Guillaume, le roi veuf, est de retour à Berlin. Donc, rien ne s'oppose au départ de Johann.

Il doit aller à Sils. Il le fera. Mais il lui faut d'abord reprendre des forces. Les longs voyages, dit-on, s'apparentent plus à la torture qu'à l'amusement. Pour que rien ne puisse plus l'arrêter, il écrit à Barbla et annonce sa venue au courant du mois de juillet. Il attendra jusque-là pour être sûr de ne pas se heurter à la neige. Alors qu'il va poster la lettre Oranienburgerstrasse, dans la cour, il voit d'un œil nouveau les chariots, les berlines pour quatre à six personnes, les chevaux. Les logements des commis et des postillons. Il se renseigne sur les conditions du voyage. La veille, il devra déposer sa malle dans la chambre des voyageurs. Un peu avant le départ, un messager viendra la chercher. Après que les effets des passagers auront été visités, l'employé rendra à chacun ce qui lui appartient. Un poids de cinquante livres est autorisé. Le surplus est assujetti à une taxe.

Cette fois, Johann voyagera passeport en main, qu'il pourra et devra brandir à chaque passage de frontière. Mais encore lui faut-il se procurer le précieux document. Voici donc Johann au commissariat de police. Quatre personnes le précèdent. Un Français bavard, aux gestes exubérants, va se faire établir un passeport collectif. Il conte que, lors de la fuite de Varennes, le passeport de la reine Marie-Antoinette était établi au nom de la baronne de Korff « allant à Francfort avec deux enfants, une femme et un valet de chambre et trois domestiques », le roi Louis XVI étant l'un d'eux. Chacun s'esclaffe poliment. Suisse en Prusse, Johann craint des difficultés. Mais la renommée de M. Josty est parvenue aux oreilles du commissaire, qui lui tend le document avec un large sourire en prime.

Ensuite Johann achète dans une librairie un *Post- und Reise-Handbuch*, guide de la poste et du voyage en Allemagne et dans les pays limitrophes, ainsi qu'une carte géographique. Tracer son itinéraire est un casse-tête absolu. Quand partir de Berlin afin d'arriver à Leipzig assez tôt pour attraper la voiture de Ratisbonne qui lui permettra de sauter à temps dans celle de Munich où il faudra en prendre une pour les Grisons ? Il y a tellement d'impondérables. Les intempéries, le mauvais état des routes en l'absence de chaussées, les postes de douane et de péage. Il faut régulièrement changer de voiture et de chevaux, donc transborder les bagages. Leipzig est à deux cents kilomètres environ de Berlin. À raison de cinquante kilomètres par jour et par nuit, Johann pourrait partir jeudi soir à 8 heures de Berlin, atteindre Leipzig le samedi dans la soirée si tout va bien. Sans avoir pris de vrai repos. C'est-à-dire fourbu et le dos en capilotade.

Ou bien louera-t-il sa propre voiture, avec postillon et chevaux ? Pour s'arrêter chaque nuit dans une auberge et n'arriver à Leipzig qu'au bout de quatre jours ? J'ignore quelle solution a choisi Johann, mais je sais qu'il prend le départ fin juin.

Lina, qui n'a jamais voyagé, l'a aidé à choisir sa malle. Puis à la remplir. Aurait-elle souhaité l'accompagner avec Johanna ? Il a éludé la question. Il veut retourner seul à Sils.

En chemin, il regarde le paysage mais ne peut détacher son esprit du café. Ils vont être bien étonnés de ne pas le voir, les habitués. Qui se sont tant inquiétés de le savoir malade.

L'ancienne dame de la Cour aux chapeaux emplumés. Les hauts fonctionnaires. Les vieux militaires aux moustaches grises, bardés de décorations. L'homme aux beaux cheveux blancs qui vient chaque jour en compagnie d'une jeune dame et lui récite des poèmes de Goethe. Mme Rahel Varnhagen von Ense, qui tient un salon littéraire célèbre où elle reçoit des écrivains, des scientifiques, des politiciens et des aristocrates. Mme Varnhagen, songe Johann, est née juive comme Lina, mais elle s'est convertie au christianisme pour épouser M. Varnhagen, un écrivain… Vient parfois aussi M. Jahn, le *Turnvater*, qui a mis au point un programme d'exercices physiques en plein air conçu pour les jeunes. Il a invité Johann à venir admirer sa panoplie d'appareils : barres parallèles, anneaux, poutre, cheval d'arçons et barre fixe. Toujours plus d'adultes s'y mettent. Et en ressortent épuisés ! s'amuse Johann. Tiens, si je leur inventais une boisson revigorante ! À base de chocolat, par exemple… L'idée fera son chemin. Johann et son frère Daniel créeront en 1819 le Kreazom, une soupe de chocolat additionné d'extrait de bœuf, que les gymnastes passeront boire le matin au Café Josty avant d'aller se dépenser en salle.

Il s'endort. Il s'éveille. Rêvasse. Surgissent des scènes de l'enfance. Un bref instant de bonheur avec le père. Maintenant seulement il s'aperçoit que Barbla sera seule à le recevoir. Il ne verra plus son père. Ni son frère Michel. Le silence a dû prendre leur place. Tout comme le silence s'est emparé de leur vie, à Lina et à lui, songe Johann avec acrimonie. Sans les cris et les rires de Johanna, on entendrait les mouches voler. Lina a beaucoup changé. Johann l'aime comme au premier jour mais, comment dire ? Six années sont passées. Elle a beaucoup changé. Elle a le regard terne, la voix triste. Pourquoi ? Il ne comprend pas. Pourtant je lui assure une vie agréable, plus que confortable, se dit-il. Je ne lui ai jamais rien refusé. Elle est libre d'elle-même. Elle va où elle veut quand elle veut. Elle est bien servie. Elle achète ce qui lui plaît.

Tout cela est vrai. Mais il y a des choses de la vie auxquelles les hommes n'entendent rien. Johann ne voit pas que Lina souffre d'un isolement moral. Vaillante, elle tâche de le cacher. Cependant sa joie sonne faux. Elle s'étiole comme une fleur privée d'eau. Elle a rompu avec toutes ses amies. Pas eu le cœur de renouer avec le cercle littéraire qui l'intéressait tant. Ne voit plus que Frederika. Et Frederika cache son amertume de n'avoir pas d'enfant en se donnant à fond au Café Josty.

C'est à Dornbirn, dans le Voralberg, que Johann venant de Munich rejoint l'itinéraire qui l'a amené à Magdebourg. Il reconnaît avec émotion les noms des endroits traversés lors de sa fuite. Si le décor n'a guère changé, le paysage politique s'est métamorphosé depuis que Napoléon, en 1806, a fait éclater le Saint Empire au profit de la Confédération du Rhin. Les seigneuries de Hohenems, Feldlkirch, Montfort appartiennent à présent à la Bavière. Johann la quitte pour entrer dans la principauté de Liechstenstein, enroulée dans son intégrité comme un escargot dans sa coquille. Et voici le fort de Luciensteig, avec ses redoutes appuyées à des rochers inaccessibles, qu'il a franchi à l'aller en se faisant passer pour l'un des moutards d'une famille nombreuse. Fort que se sont, en 1799, férocement disputé le général autrichien Auffenberg et le général français Masséna. Tant de soldats sont morts sur les terres de cet État dépourvu d'armée, et pour finir Johann est bien incapable de citer le nom du vainqueur. Ce qui change aussi, c'est que, à la sortie du fort, on entre en Suisse, maintenant que les Grisons appartiennent à la Confédération helvétique !

À l'approche de Coire, en fin de journée, Johann se sent soudain aussi énervé que s'il avait avalé une bonbonne de café. Après quelques tours de roue, il éclate de rire. La ville qui lui avait paru gigantesque ne fait pas plus qu'un cinquième, voire un sixième ou un septième, de Berlin ! Très vite, voici le relais Weisses Kreuz, toujours solide au poste, où le stucateur s'est pour lui enquis du chemin de Bregenz ! C'est là qu'il faut s'arrêter afin de passer la nuit et d'échanger la voiture contre un modèle à deux roues. Sinon il sera impossible de passer le col du Julier. Et encore, c'est une chance, car il était enneigé, et impraticable, à peine deux semaines plus tôt.

Johann est éveillé depuis longtemps lorsqu'il prend le départ à 6 heures du matin. À quelle heure arriverons-nous ? demande-t-il au postillon. Vers 5 heures du soir, M'sieu. Vous aurez pas le vertige, j'espère. Il y a dans le Julier des endroits où vaut mieux pas regarder vers le bas. Une fausse manœuvre et on roule comme une pierre. Mais y a pas de souci, les chevaux sont habitués à raser le flanc de la montagne. Johann n'en doute pas. Il a dans son enfance entendu tant d'histoires sur l'instinct et l'intelligence des chevaux dans la nuit, le brouillard et les tempêtes de neige !

À la sortie de Coire, la route vers Malix grimpe tout de suite assez fort, et Johann se souvient comment Gian, le petit chevrier, a dévalé la pente en jubilant. Peu avant Churwalden, il revoit le cerisier qui lui a permis de goûter les premières cerises de sa vie, ce fruit qui a pour lui le nom de la liberté. Il revoit d'autres pentes dévalées avec bonheur. Les meules de foin qui l'ont abrité. Les fontaines qui l'ont abreuvé. Les poulaillers qui lui ont offert des œufs. Les frêles passerelles qui lui ont permis d'enjamber des torrents écumeux. Comme si les années ne s'étaient pas écoulées.

Après Tiefencastel, zigzags et lacets les entraînent vers le col aride et désolé. Quelques plaques de neige dure témoignent de la rudesse de l'hiver passé. Le voyageur sommeille. À Tinizong, il s'éveille dans l'odeur épicée d'une sécherie de viande des Grisons. Marmorera. Bivio. Que de souvenirs ! Soudain, un tournant dévoile aux initiés les neiges éternelles du Piz Bernina.

Ah, voici l'hospice où le capucin l'a recueilli ! Trop tard, Johann se dit qu'il aurait aimé s'y arrêter. Les chevaux filent, encouragés par la brise, heureux de la descente. Mais soudain le postillon les freine, et voici qu'on s'arrête. Que se passe-t-il ? C'est mon frère, indique l'homme en désignant un berger à la tête d'un troupeau de vaches. Je ne l'ai pas vu depuis l'an dernier. Le mauvais temps a duré longtemps. Il n'a pas pu monter à l'alpage. D'ailleurs, voyez comme l'herbe est clairsemée. Johann sourit par politesse. Mais son cœur est ailleurs. Il n'aurait pas imaginé être aussi ému par l'idée d'atteindre Sils.

Après une courte embrassade des deux frères, ils repartent, et déjà Johann guette l'arrivée au village de Silvaplana. La descente sèche vers le lac bleu turquoise. Puis l'endroit précis où l'étendue d'eau se referme sur l'Inn descendue de son glacier. C'est là, longeant la mince portion de la rivière qui lie les deux lacs, que lui apparaît le clocher gris rosé de San Lurench. Et soudain, alors qu'il passe le pont de Baselgia, il entend la cloche carillonner. Cette cloche dont le son joyeux l'avait décidé à s'enfuir. Il est 5 heures.

Quelques mètres plus loin, voici l'ancienne Pensiun Chastè, la maison de son enfance. La voiture s'arrête. Johann récupère ses effets, paie son retour au postillon et lui donne un bon pourboire, lorsqu'il entend la porte s'ouvrir dans son dos. Il se retourne pour monter les marches et embrasser sa mère mais s'arrête, muet. Derrière Barbla se tient une autre femme, encore assez jeune. Ladina !

25.

Ladina, toujours belle ! Très belle, même. Un peu épaissie, bien sûr. Le fin visage de faon semble maintenant celui d'une biche. Johann aurait reconnu ses yeux noisette entre mille. Il serre le maigre corps de sa mère dans ses bras, l'embrasse, puis se tourne vers la jeune femme. Ça va, Ladina ? demande-t-il en romanche. Avec un sentiment de déjà vécu, il s'en veut de s'adresser à elle de manière aussi plate et tente de se rattraper, mais reste muet. Ça va bien, je te remercie. Et toi, Gian ? Je m'appelle Johann, maintenant, répond-il. Mais si tu veux m'appeler Gian… Non, non, se défend-elle. Je te laisse avec Barbla. Je lui ai déjà dit au revoir… Et elle s'enfuit d'un pas pressé, comme prise en faute.

Barbla pleure de joie. Son fils lui paraît si beau ! Mais elle n'en dira rien, bien sûr. Ces choses-là ne s'expriment pas quand on sait se tenir. Se vanter de ce qu'on possède ou de la beauté de ses enfants, c'est manquer de dignité. Ainsi font les impudents. Johann serre encore une fois sa mère dans ses bras. Sentiment étrange. Il ne lui venait qu'à la poitrine lorsqu'il s'est enfui. Le rapport est aujourd'hui inversé.

Elle lui a préparé la plus belle chambre. Celle qu'elle réservait aux voyageurs de marque. Johann retrouve avec allégresse les meubles percés d'un cœur. Et le réflexe de passer un doigt dedans pour tirer une chaise, un tiroir ou un battant. La chaude couleur de l'arolle vieilli. Le parfum fleuri des draps séchés au soleil.

Il tend à Barbla les cadeaux soigneusement choisis pour elle. Qui doit lutter pour retenir de nouvelles larmes de joie. Elle caresse la douce et fine étoffe de laine noire qui lui fera la plus belle robe de sa vie. Rit de voir tant d'épices rassemblées sous ses yeux. Il refuse qu'elle l'aide à déballer ses vêtements. Elle s'assied sur une chaise, croise les mains sur son ventre et l'absorbe des yeux. Il était malingre. Les gens du village reconnaitront-ils le petit chevrier dans cet homme au cou puissant, à la poitrine large, aux épaules musclées ? Il ressemble à un gros chat. Œil aux aguets. Sourire angélique. Tel qu'il apparaît sur un portrait dont je reparlerai. Toujours la même vivacité, songe Barbla. Il ne tient pas en place.

Comment va ton commerce, mon fils ? Bien, bien, Dieu merci. La clientèle s'accroît régulièrement. Nous venons de renouveler la vaisselle, de nombreux ustensiles. Une grande bouilloire pour l'eau du thé. Une cafetière et une chocolatière. Un tout nouveau modèle de moulin à café. Des gaufriers. Une série de drageoirs en cristal. Ils conviennent mieux que le verre blanc à certaines dames de notre clientèle ainsi qu'aux personnes de la Cour. Des serviettes d'indienne. Un service de six cents pièces en porcelaine de Saxe, à décor bleu sur fond blanc. Ce doit être beau ! dit

"Des flots et des sous"

Barbla, les yeux rêveurs. Et ta vie ? Tu es content de ta vie, mon fils ? Très content, maman. Parle-moi des gens d'ici. De ceux que je connaissais.

Il a détourné la conversation. Il n'évoquera ni Lina ni Johanna. Pourquoi ? Il n'en sait rien. Nous comprendrons plus tard.

L'heure est venue de passer à table. Barbla sert une soupe d'orge agrémentée de dés de *Bündnerfleisch*, de la viande de bœuf séchée avec des herbes de l'alpage et des épices. Il semble à Johann n'avoir rien mangé d'aussi bon depuis longtemps.

Il dort mal. L'altitude. Trois nuits sont nécessaires, c'est connu, pour s'adapter quand on arrive de la plaine.

Le lendemain matin, il est réveillé par des voix féminines, mais trop ensommeillé par sa mauvaise nuit pour saisir les paroles. N'est-ce pas la voix de Ladina qui répond à celle de Barbla ? Qu'est-ce que tu vas chercher ! se dit-il à lui-même. Elle habite à Fex. Que viendrait-elle faire ici de si bonne heure ? Il y a bien d'autres femmes que Ladina dans le village. Lesquelles sont susceptibles de passer voir Barbla si tôt le matin ? Il ne sait rien de la vie de sa mère.

Lin bleu ciel, soucis orange, campanules violettes fleurissent les tombes du père et du fils, à l'ombre du clocher de San Lurench. Johann médite sur leurs vies si courtes. Le père a vécu jusqu'à 50 ans, le fils jusqu'à 24. Où sont-ils à présent ? Les cercueils ne conservent que les ossements. Et les âmes, que deviennent-elles ? Pour un peu qu'on soit attentif à la vie sur terre, on constate que rien ne se perd.

L'eau s'évapore, se condense, retombe en pluie ou en rosée. Pourquoi n'en irait-il pas de même pour les êtres humains ? En tout cas, ils vivent en moi, conclut Johann. Je vais sculpter un oiseau de bois pour décorer la tombe du frère, dit-il. Et un gâteau pour celle du père ? suggère Barbla. Ils vont vers la maison afin d'y prendre une serpette. De loin voient un homme lourdement chargé qui frappe à la porte de leur maison. Le saluent cordialement en arrivant. C'est un botaniste bâlois. L'auberge Chastè lui a été recommandée. Elle est fermée depuis quelques années, lui apprend Johann. Nous pouvons vous nourrir – voyez comment il prend aussitôt les rênes alors qu'il n'est pas chez lui, cet homme qui a l'habitude de commander ! – mais pour dormir il faudra voir plus loin. Le botaniste remercie, et refuse l'offre. Il dispose d'une journée de nourriture dans son sac. Où poussent de belles fleurs ? demande-t-il. Il a lu dans son guide que les environs de Sils sont couverts de plantes alpines. Barbla le renseigne. Un coup de chapeau et le voici reparti.

Car les touristes commencent à montrer le bout du nez. Le terme né en 1803, explique le Littré, désigne des « voyageurs qui ne parcourent des pays étrangers que par curiosité et désœuvrement, qui font une espèce de tournée dans des pays habituellement visités par leurs compatriotes » et « se dit surtout des voyageurs anglais en France, en Suisse et en Italie ». Ils accomplissent le plus souvent des voyages circulaires.

Or, vers 1810 apparaît une autre classe de « touristes ». Pour l'heure tous masculins, ils sont guidés par un métier, une vocation, une passion. Le *Manuel du voyageur en Suisse*, de Johann Gottfried Ebel, est paru en 1793 dans sa version allemande. La traduction française publiée en 1810 est titrée : *Instructions pour un voyageur qui se propose de parcourir la Suisse ; de la manière la plus utile et la plus propre à lui procurer toutes les jouissances dont cette contrée abonde.* Tout un programme ! D'après l'auteur, la chaîne des Alpes est en effet digne d'intéresser le philosophe, le minéralogiste et le géologue ; les savants qui cultivent la botanique, l'entomologie et la zoologie, ainsi que le médecin et le physicien ; l'historien, le géographe, l'homme d'État, le militaire, et généralement tout homme instruit ; le peintre, le poète, « l'âme sensible ». M. Ebel répertorie auberges, voituriers, loueurs de chevaux. Donne son avis sur leurs prestations. Propose des itinéraires détaillés. Livre une liste alphabétique des villes, villages, régions à visiter, avec une brève description. Enseigne comment se chausser, soigner ses pieds, faire son bagage. Comment se conduire avec les habitants ou d'autres voyageurs. Conseille de n'emporter que les feuillets utiles de son ouvrage et propose une technique qui permet, avec l'appui d'un relieur, de ne pas le détériorer. Offre les rudiments permettant de s'exprimer dans les divers dialectes suisses, dont le romanche. Insiste sur « l'heureuse influence des voyages en Suisse et d'un séjour un peu long dans ce pays sur les facultés morales de l'âme ».

En 1878 ou 1879, un correspondant conseillera au philosophe allemand Friedrich Nietzsche, qui souffre de violents maux de tête, de crises de toux, de vomissements, d'aller séjourner dans la Haute-Engadine. « Malheureusement, ripostera Nietzsche, l'Engadine (est) inaccessible à cause de la masse de touristes allemands et bâlois. » Puis il changera d'avis et se rendra en 1879 à Saint-Moritz, village étalé en gradin au-dessus de son lac, dont il appréciera la situation. Un étrange concours de circonstances le mènera à Sils Maria, d'où il déclarera en 1881 : « C'est le plus ravissant coin de la terre qui soit. Jamais je n'ai ressenti un tel calme. » Et en 1888 : « Sils Maria est vraiment un lieu merveilleux que j'ose appeler la perle des perles. »

Où logera-t-il pendant ces trois mois ? Chez M. Gian Durisch, maire de Sils, qui tient l'épicerie du village. La maison blanche aux volets bleu tendre, construite en 1758, appelée aujourd'hui Nietzsche-Haus et transformée en musée, conserve encore la trace de cette activité commerciale dans une pièce au rez-de-chaussée, dont les deux fenêtres sont plus grandes que les autres. « Dans la maison même où j'habite, écrira Nietzsche, je peux acheter des biscuits anglais, du corned beef, du thé, du savon, bref, toutes sortes de choses, et c'est très pratique ! »

M. Durisch ne louera qu'une seule chambre à un seul hôte, au premier étage. Petite, modestement meublée, basse de plafond, on peut la visiter. « Que je suis heureux d'être à nouveau chez moi ! » s'écriera le philosophe en revenant là chaque été, pendant plusieurs années. Il y jettera l'ébauche ou composera une grande partie de nombre de ses œuvres majeures : *Le Gai Savoir, Ainsi parlait Zarathoustra, Par-delà le Bien et le Mal, Généalogie de la morale, Le Cas Wagner, Le Crépuscule des idoles, L'Antéchrist, Nietzsche contre Wagner, Ecce Homo.*

Les touristes qui pourraient l'importuner fréquentent surtout les hauts sommets et les glaciers. Très peu pour lui ! La fragilité de ses yeux lui interdit de s'exposer à une lumière intense. Comme les idées lui viennent en marchant, « l'étrange professeur à la grosse moustache », ainsi l'appelle-t-on, se promène pendant des heures dans les environs de Sils, couvert de son chapeau noir, ne saluant personne, toujours muni de carnets, de crayons et d'un grand parapluie rouge. Parfois d'une ombrelle jaune. On raconte qu'un jour des galopins s'amusent à jeter dans le parapluie fermé des gravillons qui s'abattent sur la tête du philosophe lorsqu'il l'ouvre, et qu'il poursuit les enfants en les menaçant de la pointe dudit parapluie.

Nietzsche rejoindra presque chaque matin le lac de Silvaplana par la forêt et le longera en direction de Surlej. Un jour, il s'arrêtera près d'un énorme rocher pyramidal, et c'est là, « à six mille pieds au-dessus de la mer et beaucoup plus au-dessus des choses humaines » qu'il aura l'intuition de « l'éternel retour », un concept essentiel de sa philosophie.

Il se plaira aussi à prendre un chemin rural qui mène à la presqu'île de Chastè. Là, il empruntera le sentier moussu, longera des criques qui reflètent le vert des sapins, fraiera son chemin parmi les myrtilles, les airelles et les bruyères. Sur la hauteur domine un rocher d'où l'on voit le lac scintiller. C'est assis sur le sol, appuyé contre ce rocher, que Nietzsche mûrira son *Zarathoustra*. C'est aussi là qu'il aurait voulu se faire enterrer. Sa sœur Elisabeth en décidera autrement. Après son enterrement dans la petite ville de Röcken en Allemagne, deux de ses amis pianistes, l'un compositeur et l'autre professeur de musique, avec l'appui de M. Durisch, apposeront une plaque sur ce rocher. On y lit un chant tiré de *Zarathoustra* : « Ô homme, prends garde... » En 1936, Thomas Mann écrira : « J'ai accroché quelques fleurs de rhododendrons rouge sombre aux branches de sapin suspendues le long de la plaque, ému par le souvenir et l'impression suscitée par ces vers. »

Loin d'imaginer la présence un jour de telles sommités en ces lieux, Johann et Barbla s'enfoncent dans la presqu'île sur le sentier naturel tracé par la course des bêtes. Ils choisissent entre plusieurs branches celle dont le confiseur se servira pour ses sculptures. Il la coupe et ils prennent le chemin du retour. Se souvenant des voix féminines entendues le matin, Johann interroge sa mère. Qui parlait avec toi ? Une jeune fille de la ferme voisine venue, selon son habitude, apporter un pot de lait. Et Ladina ? s'entend questionner Johann, tu la vois souvent ? La question a fusé malgré lui.

Barbla conte la première cueillette de champignons, le linge étendu ensemble, la vive complicité malgré la différence d'âge. Elles se sont ensuite moins vues lorsque Ladina est entrée dans la maison de Fex au service de l'ardoisier, et après qu'elle l'a épousé. Les deux gamins l'occupaient beaucoup, puis naquit la petite Madlaina. Maintenant que les enfants ont grandi et que son mari est mort, Ladina vient souvent me voir, dit Barbla. Ah ! sursaute Johann. Qui s'empresse de changer de conversation.

C'est Daniel, cette fois, qui en fait les frais. Daniel tient maintenant la Brasserie suisse sur le port de Niort. Il a envoyé à Barbla le *Journal des Deux-Sèvres* dans lequel il a fait insérer un petit texte. Elle le montre fièrement à Johann dès qu'elle a poussé la porte de la maison. « M. Josty, tenant la Brasserie suisse sur le port de Niort, a l'honneur de prévenir et inviter les particuliers qui sont dans l'intention d'avoir de sa bière chez eux, de lui en faire la demande dans le courant de ce mois et du mois prochain, la saison étant la plus favorable pour confectionner une bière de garde de qualité supérieure. Il est dans l'intention d'en fabriquer pour être à même de vendre et garantir à ceux qui voudront l'honorer de leur confiance. » Puis Barbla déploie deux autres numéros du même quotidien, datés de septembre et octobre 1810. À quinze jours de distance, ils annoncent la naissance et le décès d'une petite Elisabeth. Cette perte a été une terrible épreuve pour Daniel, sa femme et leurs deux garçons, Michel et Nicolaus.

Johann commence à écorcer la branche. Une sorte de crabe lui pince l'estomac. Soudain, il veut tout savoir sur Ladina. De quoi est mort son mari ? Comment elle s'est alors débrouillée ? Ce que deviennent ses enfants ? Barbla ne se fait pas prier, elle débite les réponses d'un trait. Après l'accident qui a emporté son mari, tombé d'un toit, Ladina s'est occupée de l'ardoiserie avec beaucoup de vaillance. Maintenant les garçons, tous deux mariés avec des filles de Pontresina, la dirigent avec compétence. L'un s'occupe de la partie administrative et l'autre court les chantiers. Ils ont étendu la clientèle bien au-delà de Sils. Quant à la petite Madlaina, 19 ans, elle convolera sous peu. Avec le fils aîné d'un aubergiste de Maloja. Ladina et sa fille mettent la dernière main au trousseau de mariage. Elles filent, tissent, taillent, cousent, brodent.

On frappe à la porte. Johann va ouvrir, soudain pris d'un sentiment d'irréalité quand il aperçoit Ladina. Rêve-t-il ? Est-ce bien elle ? Je suis venue t'inviter au mariage de Madlaina, dit-elle, souriante. Je suis flatté, répond-il. À quelle date ? Le 15 septembre. C'est loin, répond Johann d'un ton bourru. J'ai prévu de repartir plus tôt.

26.

Penses-tu vraiment repartir avant le 15 septembre ? questionne Barbla dès que Ladina les a quittés. Tu viens d'arriver. La mi-juillet est derrière nous. Août passera vite. Qu'est-ce qui te presse ? Tu n'as ni femme ni enfant. Prends un peu de bon temps. À presque 40 ans, tu ne t'es jamais reposé. Tu n'as fait que travailler. Est-ce une vie ? Ne songes-tu pas à fonder une famille comme ton frère Daniel ?

Johann émet un léger grognement qui ne dit ni oui ni non. Feint d'être absorbé par son bout de bois. Quel était l'oiseau préféré de Michel ? interroge-t-il en levant vers sa mère un regard teinté d'innocence. La pie-grièche à tête rousse. Parfois elle chante, parfois elle grince, et les grincements l'amusaient beaucoup. Il y en a un couple dans le jardin. Viens voir.

Comme s'il se présentait à un rendez-vous, l'oiseau se pose sur une branche et salue d'un grincement appuyé. Il a belle taille. Casque brun-rouge qui descend bas sur la nuque. Masque noir sur le front et les yeux. Ventre blanc crème. Ailes noires barrées de blanc et queue noire bordée de blanc. Son chant se mêle aux tintements des sonnailles accrochées au cou des vaches qui paissent dans la prairie voisine. Johann mémorise la forme et les couleurs de l'oiseau. Il va retourner à son bout de bois lorsqu'il lève les yeux et se pétrifie, ébloui par la splendeur du spectacle. Enfant, le paysage quotidien lui paraissait naturel. Maintenant qu'il a voyagé, qu'il connaît l'agitation, le bruit et la saleté des villes, il reconnaît la rareté du panorama qui s'étend devant ses yeux. En face, la double cime enneigée du Piz de la Margna s'élève derrière un bandeau de mélèzes. Il semble émerger du lac bleu lavande. Le soleil couchant émaille ses parois de nuances violettes. Moment de paix et de pure beauté. Soudain la cloche de l'église carillonne, et le carillon joyeux laisse entendre à Johann, cette fois encore, qu'il vit un instant décisif. Il reste longtemps immobile, empli d'émotion.

De retour à l'intérieur de la maison, il s'aperçoit que Barbla s'est absentée. Elle l'a prévenu qu'elle irait faire cuire son pain chez la *furnera*, la boulangère. C'est le moment d'écrire à Lina, et de porter la lettre au relais de poste voisin. Il griffonne rapidement quelques mots. Bien arrivé après voyage difficile. Comme prévu, je suis passé par Leipzig, Ratisbonne, Munich et Coire. Maman en bonne santé. Suis content d'être ici. Le bon air me fera du bien. Je dors mieux, déjà, et il me vient un appétit d'ogre. J'espère que vous allez bien toutes les deux. Mille baisers de Sils… Johann n'a pas très bonne conscience, mais cet état inconfortable ne dure pas.

Le lendemain est un dimanche. Après l'office dans l'église de San Lurench, les femmes rentrent préparer le repas, et les hommes restent à discuter sur le parvis. On pourra bientôt faucher à Fex et à Braschunaing. Faut attendre trois quatre jours. Un peu plus à Plaun. De toute façon, la récolte sera maigre cette année, déplore une voix connue de Johann. Il regarde l'homme qui vient de parler. De rares cheveux se séparent comme des plumes sur le sommet de sa tête. Sa peau semble brûlée. Peider ! s'écrie-t-il. Gian ! Euh… Johann ! Ladina m'a dit que tu t'appelles Johann maintenant. Ils se tapent sur l'épaule, contents de se revoir alors qu'ils n'étaient guère liés du temps de leur jeunesse, lorsque la peau et les hardes marronnasses de Peider semblaient teintes dans la même couleur brûlée. Leur dernière rencontre date du jour de la chute de Flocca. Que deviens-tu, Peider ? demande Johann. Mais viens me raconter ça chez ma mère. J'ai apporté une bonne eau-de-vie de cerises.

C'est étrange, conviennent-ils en chemin, qu'une voix change si peu au fil des années, qu'on la reconnaisse les yeux fermés près de trente ans après.

Peider a épousé Gianna, restée fille unique d'un petit paysan de Baselgia après le décès en bas âge de deux autres enfants. Elle s'occupe des trois chèvres et de l'âne depuis que le père est mort aussi. La mère, souffrante, vit dans la ferme avec le couple. Peider et Gianna ont eu trois enfants. Les deux fils ont émigré à Venise, l'un pour être cafetier, l'autre verrier. La fille est servante dans une maison bourgeoise de Silvaplana. Peider travaille à la menuiserie quand il y a de l'ouvrage. Il a appris à pêcher. Il est devenu l'employé de

M. Salis, un bourgeois de Casaccia qui a hérité du droit de pêche sur la partie du lac nommée Lej Gadina. Il fauche à Plaun da Lej le foin d'une parcelle de terre venue des parents de Gianna et réussit tout juste à nourrir et à vêtir sa famille. Il travaille au moins autant que moi, songe Johann, mais je suis tellement plus fortuné que lui.

Chaque émigrant espère au départ le même succès que le sien. Or, il était si loin d'y penser lorsqu'il s'est enfui !

Et Ladina ? s'entend demander Johann en remplissant à nouveau le gobelet de Peider. Pourquoi ne s'est-elle pas remariée ? Peider redresse son dos voûté. Aucun homme ici ne vient à son niveau d'aisance, explique-t-il en tapotant nerveusement le gobelet de ses ongles endeuillés. Ceux de son âge qui ont réussi au loin ne sont pas encore revenus au pays. La plupart, à part toi, se sont mariés sur place. Et ceux qui sont restés ici ne sont que de petits paysans comme moi, qui tirent le diable par la queue. Il aurait fallu qu'elle rencontre quelqu'un d'un autre village. Dieu n'a pas voulu.

Le sort laborieux de Peider attriste Johann, mais les retrouvailles avec le romanche lui réjouissent le cœur, même s'il lui faut parfois chercher ses mots. Avec Andrea, ils ne parlent jamais aussi longtemps dans la langue de leur enfance. Puis Peider s'en retourne chez lui, heureux d'avoir pu s'épancher.

Tu as de l'eau-de-vie, maman ? demande Johann après le repas. Oui, ton frère Daniel m'en a apporté. Eh bien, je vais te faire de la liqueur de noix pour offrir aux gens qui viennent te voir. Barbla se réjouit. Elle sera heureuse d'en proposer à M. Robbi et au pasteur, même si M. Robbi ne boit pas d'alcool. Il trempera juste ses lèvres pour goûter. Mais le plus important, elle ne le dit pas. Elle sait que le liquide doit reposer pendant six semaines avant l'opération finale. Soit jusqu'à la première semaine de septembre. Et Johann ne laisse jamais rien en plan.

Il commence par aller chercher deux pintes d'eau. Cette démarche anodine pourrait bien sceller son destin, toutefois l'idée ne l'en effleure pas. À cette heure, ménagères et enfants entourent la fontaine en piaillant, mais un silence de plomb salue son arrivée. Il salue poliment. Sent qu'on le regarde avec curiosité. Emplit son seau en silence. Il a le sentiment bizarre d'être un étranger chez lui. Le babil reprend, et se tresse avec le chant de l'eau, à peine Johann a-t-il tourné le dos.

Ensuite, il se fait une joie d'aller cueillir au noyer du jardin des noix encore vertes. Puis les écale avec l'aide de Barbla qui se garde bien de laisser paraître sa jubilation. Il les pile avec vigueur dans un mortier, essuie son front perlé de sueur, mélange la pâte de noix avec de l'eau-de-vie, de la cannelle et du macis, se félicite d'avoir apporté ces épices de Berlin. Il faut à présent tamiser. Pendant que la liqueur s'égoutte dans un grand bocal, Johann fait fondre le sucre dans l'eau. Il ne lui reste plus qu'à mélanger les deux liquides et à patienter pendant six semaines.

Les jours suivants, Johann va sans le savoir se comporter comme feront d'ici quelques années les amoureux de la nature attirés à Sils par l'abondance de la flore, de la faune, la beauté des paysages et la qualité de l'air, qui loueront une chambre chez l'habitant. La différence, c'est qu'il n'a nul besoin des guides qui proposeront alors leurs services aux voyageurs. Un nouveau débouché pour les montagnards. Il connaît et reconnaît presque tous les chemins. Éprouve un plaisir fou à marcher, à se promener des heures durant. Se baigne dans la brise avec un sentiment d'osmose. Un jour, il monte jusqu'aux trois maisons d'Isola. Le lendemain, s'aventure jusqu'à Maloja. Le surlendemain, grimpe telle une chèvre jusqu'au hameau de Grevasalvas, habité de mai à septembre par des paysans du Val Bregaglia qui y font paître leurs chèvres.

Un autre jour, Johann découvre Saint-Moritz, agréable petit village ensoleillé, encore réservé aux autochtones. Les vertus curatives de ses sources ferrugineuses attireront de nombreux touristes dès 1864. Au siècle suivant, ses trois cent vingt-deux jours de soleil par an lui vaudront, l'une des premières stations de ski, d'accueillir des célébrités de premier plan. Le Badrutt's Palace verra défiler les plus grandes célébrités, de Marlene Dietrich à Alfred Hitchcock et Winston Churchill en passant par le chah d'Iran, la Callas, le roi Hussein de Jordanie, Erich Maria Remarque, les Onassis ou les Agnelli, l'Aga Khan, Gunter Sachs et moult princes et princesses arabes. Petit village où Johann est loin d'imaginer que la célébrissime pâtisserie Hanselmann sera en 1894 fondée non par un Grison, mais par un couple venu d'Allemagne du Sud.

Et puis un matin, Johann se décide à diriger ses pas vers Muott'Ota. Là où il gardait les chèvres de M. Chasper. Là où il partageait des noisettes avec Ladina. Il reprend le chemin d'antan. Passe devant la maison de M. Chasper. Décédé dans des douleurs atroces, lui a appris Barbla. L'un de ses fils, qui a échoué en diverses entreprises à l'étranger, a été trop content de reprendre la ferme. Un peu plus loin, Johann rencontre-t-il une maison de forme cubique ? Peut-être n'est-elle pas encore construite. Dans ce cas, son emplacement l'attend sur la prairie. On sait que cette maison abritera un jour un Bureau de la Poste et du Télégraphe, qui fermera en 1850. Douze ans plus tard, en 1862, M. Nadig, un Engadinois, lui ajoutera une aile symétrique afin de créer l'Alpenrose, le premier hôtel de Sils. Nietzsche ira souvent déjeuner à l'Alpenrose. Il aura même un conflit avec l'hôtelier. Malade, il incriminera le beefsteak servi. Ce sont plutôt les trois kilos de fruits que vous mangez par jour, répliquera l'autre, vexé. Mais « tout ce qui ne tue pas rend plus fort », écrira l'amoureux de Sils dans *Le Crépuscule des idoles.*

Cependant, Johann, qui traverse à présent la splendide forêt de mélèzes, de sapins et d'arolles, est ému par ces retrouvailles avec le paysage de son enfance. Des images l'étourdissent. Il se souvient d'avoir croisé ici la course d'un cerf. Plus haut, d'avoir entendu le sifflement d'une marmotte, d'avoir vu s'envoler une perdrix des neiges, de s'être émerveillé de la légèreté d'un chamois ou d'un bouquetin. Les chasseurs et les touristes bruyants ne les ont pas encore fait fuir. Mais pourquoi le cœur de Johann bat-il si fort en grimpant dans la vallée de Fex ? A-t-il perdu son bon souffle ? Non, il pourrait jouer du clairon. Mais c'est ici qu'habite Ladina. L'air de ne pas y toucher, il a posé quelques questions habiles à Barbla, à Peider, et il sait après quel tournant la maison de l'ardoisier va surgir devant ses yeux. La voici ! L'endroit est magique.

Maison très plaisante, s'avoue Johann. Construite sur un petit promontoire, adossée au flanc d'une colline, ce qui lui assure un bon abri et de la lumière sur trois côtés. Magnifique toit d'ardoise, bien sûr. Juste à cet instant, deux femmes passent la porte avec une imposante corbeille de linge. Ladina et, sans doute, Madlaina. Johann les rejoint comme elles étendent de beaux draps de lin sur la prairie. Ladina met sa main en visière pour reconnaître le promeneur qui s'avance vers elle. Johann ! s'écrie-t-elle en courant vers lui. Visage agréable, jolie silhouette. Que je suis heureuse de te voir, Johann ! Il est incapable de dire un mot. Finit par bredouiller : Je vais à Muott'Ota. Viens, que je te présente ma fille Madlaina, dit Ladina. Tu vois, nous finissons de préparer son trousseau. Yeux noisette, fin visage de faon, Madlaina est une copie de sa mère. Johann la regarde avec tant d'intensité que tous en sont gênés. C'est fou ce qu'elle te ressemble, dit-il enfin.

Lequel a eu l'idée, je ne sais. Un peu plus tard, ils grimpent tous les trois vers Muott'Ota. Ladina a préparé en hâte un casse-croûte que Johann porte dans un panier. Ils marchent en échangeant des souvenirs. Ou plutôt Ladina parle, et Johann hoche la tête. Madlaina peste à l'arrière. Elle aurait préféré rester à la maison, mais il n'aurait pas été correct de laisser cet homme et sa mère partir seuls dans la montagne. Et puis elle déteste ce qu'elle découvre : le ton câlin, la pluie de compliments et les mines enjôleuses de sa mère. Je sais que tu as formidablement bien réussi,

Johann. Barbla me parle souvent de toi, tu sais ! Elle ne tarit pas d'éloges sur tes entreprises. Ah, que j'aimerais voir le Café Josty ! Le plus beau de Berlin ! m'a-t-elle dit. Peut-être même d'Europe. Ce qu'on y mange ou achète est tellement délicieux que toute la Cour défile chez toi. J'ai toujours su que le succès t'attendait. Et dis-moi, Johann, t'arrive-t-il de composer des gâteaux de mariage ? Il éclate de rire. J'en fais plusieurs par mois !

Les voici devant la cabane d'ardoise où naguère ils se retrouvaient. Les fleurs rose vif des rhododendrons, les *Alpenrosen*, gourmandise des chèvres, claquent sur le feuillage vert sombre. Les myrtilles sont gonflées de suc. Johann s'assied comme autrefois. Les deux femmes l'imitent. Ladina répartit le pain et la viande de bœuf séchée. Johann proteste poliment en recevant la portion la plus abondante, mais l'accepte avec joie. Madlaina, boudeuse, s'agace de voir sa mère en admiration devant ce confiseur bourru. Il n'a pas lâché dix mots depuis qu'ils ont quitté la maison. Et maintenant, il a le regard fixe. Que voit-il donc ?

Johann voit Flocca juchée sur le rocher qui surplombe un précipice. Il se souvient comme il aurait voulu courir vers elle et, avec un peu de sel, l'attirer en bas de son perchoir. Mais il voulait aussi de toutes ses forces retenir Ladina, la convaincre. Il se voit lancer une pierre vers la chèvre, qui s'abat, une jambe brisée. Il ressent la détresse qui l'a inondé, la frayeur qui l'a embrasé, le vide à l'estomac. Alors qu'il espérait gagner assez pour faire une belle vie à Ladina, soudain cette croix qui semblait barrer son avenir alors qu'il n'avait pas encore du poil au menton. Il se secoue.

Maintenant il est Johann Josty, fondateur du célèbre Café Josty de la Stechbahn à Berlin, la capitale de la Prusse. Il y a même des gens qui parlent de « l'empire Josty ». Son esprit se brouille. Aurait-il connu un destin aussi faste sans la chute de Flocca ?

Encore sous le coup du choc ancien, Johann tourne la tête vers Ladina qui le regarde, œil de velours. Johann, est-ce que… est-ce que tu pourrais faire un gâteau de mariage pour Madlaina ? Personne ne le réussirait aussi bien que toi. Cela me ferait tellement plaisir. Elle le regarde, suppliante. Qu'elle est belle ! Et désirable ! Tant de chaleur dans ses yeux. D'accord, s'entend dire Johann. Alors, tu restes à Sils jusqu'au 15 septembre ! s'écrie Ladina, folle de joie. Je reste, promet-il.

27.

Puisque Johann a promis à Ladina de rester à Sils jusqu'au 15 septembre, il se préoccupe aussitôt du gâteau de mariage. À Berlin, les idées fusaient. À Sils, il devra compter avec un matériel fruste et la rareté des ingrédients. Ce sont les moules qui vont lui manquer. Andrea et lui en ont acquis une importante collection. Vases de toutes formes, corbeilles, ananas, coquilles de noix, petites pommes d'api… Là, il devra sculpter chaque pièce au couteau. Pour combien de personnes, au fait ? Il a oublié de poser la question à Ladina. Pas grave, se dit-il, j'irai demain le lui demander. Il s'endort enchanté par cette perspective.

Johann est un homme de l'immédiat. Il vit le présent avec passion. Songe rarement au passé. Il en découle que Lina et Johanna lui occupent très peu l'esprit. Le long voyage jusqu'à Sils les a reléguées dans un compartiment de sa mémoire qui s'est de lui-même verrouillé. Sa première pensée du matin va au gâteau de mariage. Il se souvient des réalisations qui ont contribué à forger sa notoriété. Toujours se soucier de la personnalité de ceux qui seront fêtés. Il a entendu dire que l'illustre pâtissier français Antonin Carême procède ainsi. Une harpe ou une lyre ornée de sucre filé pour un musicien. Une mappemonde pour un grand voyageur. Un casque romain pour un militaire. Un trophée de marine pour un navigateur. Une maisonnette rustique. Pour qui, déjà ? Elle était en nougat. Idéal, le nougat ! Sa préparation ne nécessitera pas l'emploi d'un four. Exalté, Johann prend dès potron-minet le chemin de Fex. Barbla le regarde s'éloigner depuis le pas de la porte et sourit en elle-même.

Ladina et Madlaina font cette fois sécher deux douzaines de torchons au soleil. Je viens pour parler du gâteau, dit lourdement Johann. Ce sera mon cadeau. Madlaina grince un merci digne de la pie-grièche et grimace un sourire. Quant à Ladina, elle rayonne de joie. Combien d'invités ? demande Johann. Des gens du côté du fiancé n'ont pas encore répondu de manière définitive, déplore Ladina. Il faudra compter vingt-cinq personnes environ. Je viendrai te le dire dès que je le saurai. Ne t'inquiète pas, répond Johann, je passerai de temps en temps. Ce n'est pas à un jour près. Et puis l'ordre de grandeur me suffit.

Madlaina est retournée dans la maison. Et maintenant, sur le pré ensoleillé, Ladina, qui a habité l'esprit de Johann pendant un si grand nombre d'années, qui s'interposait entre lui et le reste du monde, est à portée de ses caresses. Qu'il aimerait la prendre dans ses bras, la faire sienne, lui donner du plaisir ! Lèvres entrouvertes, yeux brillants, elle semble éprouver le même désir. Il voit l'amour sourire sur son visage. Mais Madlaina réapparaît. Avec son regard hargneux.

Elle ira habiter à Maloja après son mariage, songe Johann, et nous en serons débarrassés. Il reprend la route en sifflotant.

Il s'arrête chez la boulangère, Silvana, la *furnera*. Inspecte le four, situé dans la cave. Décide avec la jeune femme du jour où il apportera à cuire la génoise qui servira de base à l'édifice. Elle accepte qu'il surveille la cuisson.

Les provisions, à présent ! Introuvables à Sils même, bien sûr. Sauf les œufs, qu'il ramassera dans le poulailler de Barbla. Johann se dirige vers la forge de M. Robbi. Une sympathie immédiate l'a lié au forgeron venu parfois saluer Barbla, selon son habitude. Quatorze années les séparent. Johann est admiratif de la forme éblouissante de son aîné. Qui n'a jamais vu le médecin. La ligne pure de son corps exprime l'énergie. Sa carnation rose crie la bonne santé. Johann, lui, se sait le ventre graisseux et le teint cireux. Jaune, dit Barbla, qui a la dent aussi dure pour elle-même que pour les autres. C'est le prix à payer pour tant d'années passées dans les caves à respirer les vapeurs de charbon. Il ne songe heureusement pas à s'interroger sur l'état de ses poumons. Le peu de temps vécu à Sils lui a déjà redonné du muscle et de la couleur. Il se prend à rêver d'y rester jusqu'au mois d'octobre lorsqu'un cavalier le dépasse. C'est M. Robbi ! Qui heureusement revient chez lui, et ouvre à Johann la porte de la forge.

Lorsque son métier de forgeron lui en laisse le loisir, M. Robbi s'évade à cheval vers Chiavenna, ville italienne à présent. Il y achète riz, seigle, maïs, châtaignes, blé, eau-de-vie, peaux de veau et de vache, fer, sel, farine. Paie les droits de douane, et revend le tout à Sils, à Silvaplana ou à Surlej avec un petit bénéfice. Johann lui parle du gâteau de mariage, et passe commande. Sucre de canne, car le sucre de betterave ne l'a pas conquis, amandes, farine, citrons, fruits de différentes espèces et coloris. Il faudra que je voie avec les contrebandiers, prévient M. Robbi, surtout pour le sucre. Je paierai ce qu'il faudra, répond Johann. En lui-même, il se dit qu'il arrondira largement la somme pour remercier M. Robbi.

Irais-tu nous cueillir des myrtilles ? demande Barbla le lendemain matin. Avec joie. Johann en a repéré hier sur la route de Fex… Non loin de la maison de Ladina… Ce sera l'occasion de la revoir ! D'autres occasions naissent ainsi dans la semaine.

Chaque fois, Gian traverse la forêt de mélèzes, de sapins et d'arolles sans se douter que le légendaire et magique hôtel Waldhaus y prendra racine au début du XXe siècle. Nous verrons comment. Et deux cents mètres plus loin, s'élèvera la somptueuse Villa Laret. Dix-neuf pièces. Propriété de Mme Olga Spitzer, parisienne, qui y passera quelques semaines tous les étés, entourée d'invités. Dont la famille de son cousin Otto Frank, le père d'Anne Frank. Anne y viendra en 1935 et 1936, seule enfant cette année-là. Ses dernières vacances. Elle y fera allusion dans son célèbre Journal. Afin qu'elle ne s'ennuie pas, un chauffeur l'amènera chaque après-midi en limousine noire chez l'épicier, père d'une petite Tosca du même âge, pour que les fillettes s'amusent ensemble.

Elles joueront aux billes, à la poupée. Tosca racontera qu'à leur dernière rencontre, Anne lui offrit un petit vase de laque brun-gris rayé de bleu, en lui disant de le garder toujours en souvenir d'elle. Comme si elle avait eu l'intuition de sa future disparition dans le camp nazi de Bergen-Belsen. Des dizaines d'années plus tard, Tosca visitera le musée Nietzsche et tombera sur une photo d'Anne Frank, qu'elle reconnaîtra. Et dont, bouleversée, elle apprendra le sort tragique. Elle fera alors don du vase au musée. À l'entrée de Val Fex, un mobile de l'artiste Paul Gugelmann en souvenir d'Anne Frank s'intitulera *Sils Maria – un îlot de paix*.

Johann arrive à présent en vue de la maison de Ladina. Dérouté au début de son séjour par le mauvais accueil répété de Madlaina, il n'y prête à présent plus aucune attention. Il ne va tout de même pas se laisser impressionner par une gamine ! L'essentiel est que Ladina soit heureuse de ses visites. Il la sent attentive à lui, toujours plus proche. Se reprend à rêver d'elle.

Les gens parlent, lui dit le soir la mère, comme il revient de Fex.

Barbla est assise sur le banc du jardin, profitant du soleil couchant. Au travers des nuages, l'astre revêt le lac de plaques d'argent. Parlent de quoi ? interroge négligemment Johann, comme s'il n'avait pas compris. Mme Zaff m'a demandé si tu vas épouser Ladina, dit Barbla en regardant droit devant elle. Ça me paraît, ma foi, une excellente idée. Ladina est une femme aimante, généreuse, courageuse au travail, pleine d'énergie. Et n'est-il pas grand temps que tu fondes un foyer ?

J'y réfléchis, maman, répond Johann après un silence. Il rentre aussitôt dans la maison. Pour en ressortir quelques secondes plus tard. Dis à Mme Zaff que je suis assez grand pour savoir ce que j'ai à faire!

Une lettre d'Andrea l'attend sur la table. Profite de Sils, écrit l'ami. Même sans toi, le Café Josty continue de se porter bien. Il nous faudra un nouvel apprenti au printemps prochain. Vois autour de toi si tu en trouves un.

Johann pense aussitôt à l'un des fils de l'aubergiste de Maloja, dont l'aîné épousera Madlaina dans une quinzaine de jours. Comme l'activité de l'auberge ne suffira pas à nourrir les familles de cinq garçons, les trois derniers devront émigrer. L'un, 14 ans, cherche où aller, a conté Ladina. Qui serait heureuse de cimenter l'alliance des deux familles en trouvant un débouché au jeune homme.

Un matin ensoleillé, Johann part vers Maloja, par le hameau d'Isola. Le long du lac vert émeraude, seuls le bruit de ses pas sur les aiguilles de mélèzes, le chant des oiseaux et le clapotis de l'eau brisent le silence. Johann, qui croit en Dieu, Le sent alors infiniment proche et présent en lui.

Peu avant Maloja, broute un troupeau de moutons roux au nez busqué, aux longues oreilles pendantes, tels que les peindra Giovanni Segantini, le peintre apatride qui en 1894 s'enracinera à Maloja avec son épouse Luigia Bugatti. L'homme aux cheveux et à la barbe de roi d'Orient fuira la civilisation. À l'exemple de Gauguin, il viendra se mettre à l'abri des locomotives, des bateaux à vapeur, dans un village relié au reste du monde par le seul fil télégraphique. Le touriste n'y arrivera qu'en voiture de poste l'été ou en traîneau l'hiver, au tintement des sonnettes et des grelots. On peut encore visiter à Maloja l'atelier de Segantini. Il ne lui servira qu'à ranger ses livres, préparer ses toiles et ses couleurs. Il peindra dans la nature. Sur des chevalets encastrés dans des boîtes de bois et de métal qui s'ouvrent à la façon de placards. Cinq ou six toiles de grand format seront dressées simultanément, à diverses altitudes. Il travaillera à l'une ou à l'autre, palette en main, dans sa manière symboliste, en fonction de la nature du ciel ou de l'état de la floraison. Un voisin l'accompagnera parfois. Giovanni Giacometti, son élève et ami de dix ans plus jeune, futur père d'Alberto Giacometti, habitant Stampa l'hiver, et Maloja l'été. Le but de Segantini sera de réussir à exprimer l'exaltation que suscitent en lui les éléments naturels. Mais ce processus de création lui sera fatal. Le 28 septembre 1899, monté à 2 730 mètres sur le Schafberg, au-dessus de Pontresina, il mourra d'une péritonite, trop loin de tout pour être sauvé. À l'âge de 47 ans. Giovanni Giacometti le peindra sur son lit de mort. On peut voir sa tombe dans le petit cimetière de Maloja. Avec l'épitaphe : « L'art et l'amour triomphent du temps. »

Johann pourrait figurer sur un tableau de Segantini lorsqu'il observe le troupeau de moutons. Un long nuage gris plomb survole la prairie en pente. Le fameux « serpent de Maloja », qui s'étire sur plusieurs kilomètres, glisse au ralenti le long des pentes, et noie le paysage dans une nappe cotonneuse ?

À peine plus loin, un rouet tourne sur le seuil d'une ferme modeste. Une jeune personne file la laine. Une autre à son côté tricote. Elle a presque terminé une cape courte à capuchon, blanche chinée de bleu clair, mousseuse, qui promet d'être douillette. Johann salue poliment, émet quelques banalités tandis qu'il reste à regarder. Cette cape le fascine. Vous aurez bien chaud cet hiver, dit-il. C'est une commande, répond la jeune fille avec un sourire, sans rien changer au rythme rapide de ses aiguilles. Pour une dame de Soglio. Ah! fait Johann. Il remercie et reprend son chemin.

L'auberge cossue, relais de chevaux, se dresse à l'entrée du col de Maloja. Johann prend le temps d'admirer le paysage. Surplombant le lac, les montagnes aux arêtes neigeuses se perdent dans un lointain bleuâtre. De nombreuses marchandises transitent par ce défilé. À l'auberge, chacun est affairé. Mauvaise heure pour bavarder, songe Johann, mais bonne heure pour observer. Pendant qu'il attend le repas commandé, il a vite fait de repérer le père, la mère et trois de leurs fils. L'un d'eux lui sert sa polenta aux œufs. Quel âge as-tu ? demande Johann. 14 ans, répond le garçon. Bingo ! dirions-nous aujourd'hui, c'est celui qui cherche à émigrer. Il porte un tablier douteux, traîne des pieds en marchant. Il a le regard fuyant et des gestes mous, peu précis. Johann repart sans même s'être présenté.

Il presse aussitôt le pas car s'approche un gros nuage couleur d'anthracite. Et pourtant, il ne peut s'empêcher de s'arrêter à nouveau devant la petite ferme. Les deux jeunes filles rentrent le rouet. Vous avez fini la cape ? demande

Johann. Oui. Je peux la voir ? La tricoteuse va la chercher, s'en enveloppe, et c'est Ladina que Johann voit douillettement emmitouflée, sourire aux lèvres. J'aimerais en commander une, dit-il. Il me la faudrait pour le 15 septembre. Trop juste, hélas ! Pour quand, alors ? Le 17, promet la tricoteuse, une lueur d'espoir dans les yeux. Si je m'y mets tout de suite et ma sœur aussi, pour filer la laine. Nous y consacrerons tout notre temps… Johann laisse un acompte, et se précipite sur le chemin. Le bonheur de préparer une surprise pour Ladina se mêle au souvenir de la joie qui a saisi les deux jeunes filles recevant une commande inespérée. La pluie le trempe, mais le soleil revient, et fait s'élever une mince vapeur du sol. Johann se sent follement heureux. Il passe chez M. Robbi. Toutes les denrées sont arrivées.

Les jours suivants sont entièrement pris par la fabrication du gâteau. Johann ne prête même pas attention au froid qui tombe. D'abord le nougat. Les amandes sont belles. Barbla est contente d'aider à les émonder et à les sécher à la chaleur du poêle, en l'absence d'étuve, sans qu'elles dessèchent ni qu'elles restent humides à l'intérieur. Tout un art. Puis préparer et cuire le sucre. Atteindre le point précis de la cuisson où le sucre doré clair passe tout à coup à un ton plus vif, le dernier avant d'arriver au brun. C'est alors, ni avant ni après, qu'il faut amalgamer les amandes, et donner à la pâte sa forme définitive. Un autre jour, Johann, sous les yeux de Barbla, admirative, s'active à confire des fruits de différentes espèces et nuances. Sur la génoise cuite dans le four de Silvana, il déposera ensuite ce que sa fantaisie lui dictera.

Et c'est un cri d'admiration général qui salue l'inventivité et le savoir-faire du *Zuckerbäcker* lorsque, au repas de noce, il dévoile son œuvre.

Après la soupe à l'orge, le ragoût aux champignons puis les capuns, roulades de feuilles de blettes et de pâte diversement farcies, les convives pensent être rassasiés. Mais la vue du gâteau réveille leur appétit. C'est un paysage d'alpage encadré de fruits confits. Ladina rosit en apercevant une petite cabane de nougat qui ressemble comme deux gouttes d'eau à « leur » cabane d'ardoise. Des chèvres en massepain broutent des rhododendrons. Des petits choux caramélisés figurent les rochers. Des vermicelles de pâte d'amandes en divers tons de vert les couvrent de mousse. Les bravos crépitent.

Crépitent comme les flammes qui ce même jour cernent le Kremlin à Moscou. L'incendie allumé par les Russes eux-mêmes est leur façon d'accueillir Napoléon qui s'attaque maintenant à leur pays avec sa Grande Armée. Obligé de quitter en catastrophe le Kremlin, l'Empereur ne fera pas long feu dans la ville, qu'il abandonnera le 19 octobre. Dommage qu'il n'y ait pas vu de présage. Plus tard, il dira « qu'il eût dû mourir à Moscou ; que sa gloire militaire eût été sans revers, et sa carrière politique sans exemple dans l'histoire du monde ».

C'est à peine si Johann profite de la noce, tellement il est fatigué de la nuit passée à parfaire le gâteau. Il s'assoupit, rêvasse. Invente des stratégies pour fuir l'assaut de l'aubergiste de Maloja qui, connaissant à présent son identité, lui vante les qualités de son fils. À écouter le père, le gamin ne rêverait que de glaces, de chocolat, de crème fouettée. Johann a hâte de voir le mariage passé. La vie redeviendra normale. Cette vie de Sils qu'il aime maintenant passionnément. Tellement plus chaleureuse, plus saine qu'à Berlin. Il aime la simplicité d'ici. Les rapports francs avec les gens. L'auberge où il va parfois, avec les hommes, boire un verre de vin de la Valteline. Dans la bonne humeur. Loin des manières et de l'étiquette. Ma vie est ici, se dit soudain Johann. Je vais retourner à Berlin, préparer le futur avec Andrea, et je reviendrai vivre ici. Au moins une moitié de l'année. Je construirai une maison à Sils. Encore plus belle et plus vaste que celle de l'ardoisier. Cela donnera du travail aux gens du pays. Les traces de la guerre ne sont pas encore cicatrisées. Ils vivent de si peu. Sont si vulnérables. Avec le froid tombé la semaine dernière, les raves ont gelé et le foin manquera. Un rien fait vaciller leur équilibre. Je vais chercher un beau terrain pour construire une grande maison. Et la reine de cette maison, ce sera Ladina.

Et Lina ? s'interroge-t-il alors. C'est la première fois qu'il regarde les choses en face. Comme Johann est un homme pragmatique, la réponse surgit aussitôt : il versera une bonne pension à Lina. Une très bonne pension, même. Elle doit pouvoir mener une vie confortable, donner une bonne éducation à Johanna. Danse, dessin, musique. Rien ne sera trop beau pour l'enfant. Lina disait parfois qu'elle aimerait habiter à Potsdam. Elle pourrait y commencer une nouvelle vie, se faire passer pour la veuve d'un officier tombé à Iéna.

Dans deux jours, Johann ira chercher la cape à Maloja et l'offrira aussitôt à Ladina. En même temps qu'il fera sa demande en mariage. Et tous deux se marieront dans l'église de San Lurench. Ainsi qu'il l'a autrefois si souvent, si fortement rêvé.

La vie est belle.

28.

Deux jours après le mariage de Madlaina, Johann part pour Maloja, se réjouissant à l'idée d'en revenir avec la cape. Il se voit déjà l'offrir à Ladina. Elle pleurera de joie quand il lui demandera de l'épouser. Enfin réunis. Après tant d'années !

Mais un drame a secoué la ferme où vivent les jeunes filles. La mère a été prise d'une forte fièvre. Elle s'est battue avec le mal pendant plusieurs jours. Elle est morte hier. On l'enterrera demain. La cape n'est hélas pas prête, mais bien avancée. La tricoteuse, cela se voit, tremble de peur à l'idée que Johann puisse annuler la commande. Elle se confond en excuses, au bord des larmes. Il la rassure. Ce n'est pas tout, avoue-t-elle. La fileuse aussi a été retardée parce qu'elle a dû s'occuper des bêtes. C'était le travail de la mère. Alors, pour quand ? demande Johann. Pour le 11 octobre, annonce la tricoteuse, le visage défiguré par l'inquiétude. Ému de sa détresse, Johann réfléchit. Reste à Sils aussi longtemps que tu le souhaites, a écrit Andrea. Le Café Josty fonctionne à merveille. Tout se déroule comme il faut. Il faudra rester exigeant mais nous avons des gens compétents. Au printemps prochain, je ferai moi aussi le voyage à Sils avec Frederika. J'aimerais lui faire connaître mes parents et le pays. Et là, ce sera ton tour de me remplacer. Tu verras que cela se passe fort bien.

Va pour le 11 octobre ! dit Johann à la tricoteuse. Elle le remercie comme s'il lui avait sauvé la vie.

Passer quand même chez Ladina ? s'interroge-t-il sur le chemin du retour. Il sent qu'il ne peut plus se présenter chez elle à l'improviste, maintenant qu'elle vit seule dans la maison. Il se sait surveillé depuis que Barbla lui a dit : « Les gens parlent. » Cela le met de mauvaise humeur. Et puis un sentiment bizarre l'avertit qu'il met le pied dans une situation inextricable.

Comment Lina acceptera-t-elle sa décision ? Il leur faudra sûrement vivre des instants déchirants. Cela le peine. Il l'aime toujours d'affection. Et Johanna ? La verra-t-il quand même grandir ? L'aimera-t-elle encore ? Comment acceptera-t-elle sa disparition du foyer familial, elle qui le regarde avec des yeux si confiants ?

De plus, Johann n'arrive pas à oublier la froideur calculée que lui ont témoignée, lors de la noce, les deux fils de l'ardoisier. Sans doute remontés par Madlaina. En revanche, il a retrouvé Peider avec plaisir. Qui l'a engagé à venir le voir dans ses diverses activités. Notamment la pêche et le travail du bois d'arolle. Johann se réjouit à cette idée.

Des corneilles s'interpellent avec âpreté. Mauvais augure ?

Johann décide de retourner à la maison. Et là, trouve Barbla en grande conversation avec Ladina ! Il aurait eu l'air malin, avec sa cape, devant la porte fermée. La prochaine fois, mieux vaudra se renseigner avant d'y aller. Ladina se répand en nouveaux remerciements pour le gâteau. Elle n'en a jamais vu d'aussi beau ni goûté d'aussi bon. Reste donc avec nous pour le souper, dit Barbla, *maintenant que tu es seule.* Elle a un peu haussé le ton pour prononcer ce bout de phrase. Quelque part retentit le son d'un cor des Alpes.

Le lendemain, Johann se souvient de l'invitation de Peider, et se rend à la menuiserie. Là, il découvre les qualités de l'arolle, qu'il était loin de soupçonner. D'abord cet arôme qui vous saute au nez. Un parfum de miel. Dû, pense-t-on, à des huiles essentielles. Elles auraient pour qualité de ralentir le rythme cardiaque tout en garantissant un sommeil profond. Est-ce l'arolle qui à Sils tranquillisera ainsi les nerfs de Nietzsche ? De plus, l'arbre a le cœur aussi tendre que du beurre. Mais, s'offusquera Jules Michelet en 1868, dans un cri prémonitoire : « C'est un crime de blesser l'arolle. Il est le seul des arbres qu'on ne refait jamais. Qui plantera celui qui n'atteint qu'en cent ans la grosseur du poignet de l'homme ? Dans notre époque utilitaire, pressée, qui songera aux générations à venir ? (...) Le malheur de l'arolle est celui des héros. Si fort contre les coups du sort, traversant une vie si dure d'épreuves et de combats, il garde le cœur tendre. Il est attaquable au dedans. Son bois agréable, odorant, d'un tissu fin, égal, a ce grave malheur de n'avoir nul défaut, de se travailler aisément. On le coupe sans peine, et on le sculpte, comme on veut. De là ces sacrilèges. Un berger imbécile, de son couteau grossier, dans cette œuvre des siècles, taille de grotesques chamois, des moutons ridicules, qui vont se vendre à Vienne, à Nuremberg… »

Michelet aurait-il crié à l'assassinat au printemps 1905 devant le curieux manège qui se déroulera sur la colline Laret, en plein milieu de la forêt de mélèzes, de sapins et d'arolles ?

Des messieurs distingués en costume à gilet, peut-être même couverts d'un chapeau, escaladeront tour à tour un échafaudage de bois pourvu d'une échelle. Recommenceront. Se tourneront à chaque fois vers les quatre points cardinaux. Examineront la vue qui se cache derrière la cime des arbres. Ils se seront déjà livrés à cette gymnastique en divers autres endroits, observant le lever et le coucher du soleil, la température, la force des vents, la neige et la pluie mais, cette fois, ce sera la bonne ! Ils auront enfin découvert l'emplacement sur lequel l'expert en hôtellerie Joseph Giger fera construire le Waldhaus, « maison dans la forêt », par l'architecte Karl Koller. Inauguré en 1908, il est encore de nos jours l'un des plus beaux hôtels du continent. Et resté dans le giron familial. L'imposante bâtisse, flanquée tel un château de conte de fées d'une tour carrée à créneaux d'un côté et d'une tour ronde de l'autre, est maintenant dirigée par Claudio et Patrick Dietrich, arrière-arrière-petits-enfants de Joseph et Amalie Giger !

Les célébrités de tout poil y accourront au fil du siècle. Stars, milliardaires, têtes couronnées, hauts fonctionnaires, aristocrates richement titrés, espions, agents secrets. Les deux prix Nobel Thomas Mann et Hermann Hesse feront en sorte d'y séjourner ensemble plusieurs fois. « Cette

Haute-Engadine est la plus belle étape du monde, écrira Thomas Mann. Je ne parle pas facilement de bonheur, mais je suis presque certain d'être heureux ici. » « Un avant-goût du paradis », renchérira Hermann Hesse.

Impossible de citer tous les écrivains ou artistes qui, passant par Sils, séjourneront ou s'arrêteront au Waldhaus. Jean Cocteau, qui composera en février 1956 un *Toast à Nietzsche*, et qui écrira, dans *Passé défini* : « À Sils, on prenait Nietzsche pour un excentrique, un drôle, une sorte d'idiot de village. C'est ce qui explique que la mercière (...) dit à Sieburg en me désignant : "*Er ist ein anderer Nietzsche*", il est rigolo. C'est un autre Nietzsche. » Le cinéaste Luchino Visconti. Le philosophe Theodor Adorno. Albert Einstein. Marc Chagall. Neville Chamberlain, Premier ministre du Royaume-Uni de mai 1937 à mai 1940. Les écrivains Rabindranath Tagore, Friedrich Dürrenmatt, Pierre-Jean Jouve, Alberto Moravia et Elsa Morante, François Mauriac. Dans le monde de la musique, Richard Strauss, Arthur Honegger, Otto Klemperer, Clara Haskil, Rudolf Serkin, Georg Solti, Bruno Walter.

Aujourd'hui encore, le Waldhaus, qui concède à la modernité un spa où s'épanouit le mélèze, semble hors du temps avec ses chambres toutes différentes, certaines où parfois s'élèvent les senteurs du bois qui brûle dans la cheminée, lambrissées de bois d'arolle – ainsi que le petit restaurant l'Arvenstube –, ou de bois de sapin, voire de châtaignier, aux meubles de hêtre ou de cerisier ; son salon de lecture et son fumoir aux murs de noyer ; son salon de musique où retentit le son du piano mécanique en acajou ;

son bar au précieux parquet de chêne qui crépite sous les pas ; tout comme celui du hall, couvert de tapis, où le thé est servi à 5 heures, en musique, instant magique lorsqu'en hiver s'allument les lumières des lustres en même temps que celles des maisons de Sils Maria, spectacle à contempler par les grandes baies vitrées de la rotonde, face à la fameuse forêt où fraternisent les mélèzes, les sapins et les arolles.

Le travail et l'odeur du bois d'arolle passionnent le maître confiseur. Johann revient les jours suivants et passe des heures avec Peider à la menuiserie. Il réfléchit sérieusement à l'aménagement de sa future maison. Il aime aussi accompagner Peider à la pêche. Jubile de le voir sortir des truites frétillantes de l'eau. S'amuse comme un enfant à glisser en barque sur le lac. Mais le froid met un frein à son enthousiasme nautique.

Arrive enfin le 11 octobre. Date de livraison de la cape.

Il a neigé pendant la nuit. Johann songe avec embarras qu'il va devoir très bientôt descendre dans la vallée sous peine d'être bloqué à Sils par l'hiver. Emmènera-t-il Ladina à Berlin ?

Par un temps pareil, songe-t-il aussi, Ladina va rester chez elle aujourd'hui. Il sera donc sûr de la trouver s'il lui porte la cape en descendant de Maloja. Couvre-toi bien, recommande Barbla, étonnée de le voir partir de si bon matin. Il n'a rien dit de son projet. Son visage fermé décourage toute envie de le questionner.

Les maisons, les sapins, les montagnes sont couverts d'une ouate scintillante dont Johann avait oublié la beauté.

Ou peut-être ne l'avait-il jamais remarquée. À partir de quel âge est-on sensible à la beauté ? Sur le chemin, la buée qui sort de sa bouche se fond dans la vapeur qui s'élève du lac. Bientôt Johann entend un pas de cheval dans son dos et se range sur le côté pour laisser passer le cavalier. C'est M. Robbi, qui s'arrête le temps d'une causette. Le forgeron se rend à Maloja où il doit acheter du seigle milanais à des contrebandiers. Lui aussi est surpris par le froid. Il a pris ce matin la décision d'enfermer les bêtes dans l'étable. Et puis il est soucieux pour la commune. L'ordre est arrivé de fournir un soldat aux troupes françaises, et personne ne veut y aller. Napoléon est un dévoreur d'hommes, et tout particulièrement de soldats suisses, conviennent Johann et M. Robbi. Jusqu'où ira-t-il ainsi ? Combien d'années cela va-t-il encore durer ?

À Moscou, le Kremlin a été préservé de l'incendie par une pluie aussi torrentielle que providentielle. Napoléon y est donc retourné le 19 septembre. Pendant son absence, les seize nations qui composent son armée semblent s'être disputé la palme du pillage. Ornements impériaux, objets d'or et d'argent, bijoux somptueux, manteaux de zibeline, vêtements de soie alourdissent le sac des soldats. Le feu a dévoré les quatre cinquièmes de la ville, a englouti les huit mois d'approvisionnement qui auraient permis à la Grande Armée de tenir jusqu'au printemps. Il est donc impossible d'hiverner à Moscou. Retourner en Pologne serait prudent. Mais prudence et orgueil ne font pas bon ménage. Napoléon s'obstine. Fait transmettre des propositions de paix à l'empereur Alexandre. Qui ne daigne pas répondre, fort d'un pacte signé avec l'Angleterre et d'un traité avec la Norvège. Agacé, comme on le devine, Napoléon envoie un ambassadeur au général russe Koutousov.

Tout Napoléon qu'il est, il attend toujours la réponse, commente le forgeron. Chacun campe sur ses positions. Ça traîne en longueur. Avec l'hiver qui arrive, constate Johann, l'air sinistre. Et l'hiver là-bas… M. Robbi lui tape sur l'épaule et chacun poursuit sa route de son côté.

De loin, Johann distingue avec joie la fumée qui s'élève de la maison des jeunes filles. Elles l'accueillent avec gratitude, lui avouent la crainte qu'elles ont eue de ne pas le voir revenir, lui offrent un bol de soupe à l'orge bien chaude. Il arrondit le prix de la cape, qui lui paraît magnifique. La prend sur son bras, et emprunte le chemin du retour. Soudain, il s'interroge sur la suite de l'itinéraire.

Il sait qu'un chemin, partant d'Isola, mène directement à Fex. Mais c'est à travers la forêt, où divers sentiers se croisent. Il craint de se perdre dans le brouillard soudain épaissi. Prudent, il préfère, même si c'est un énorme détour, longer le lac jusqu'à Sils Maria et, de là, remonter vers Fex. D'autant plus qu'il commence à neiger !

Chemin faisant, il fait le point. Où en est-il avec Ladina ? Nulle part. La nécessité de quitter rapidement Sils en raison du mauvais temps complique la situation. Il aimerait toujours épouser l'amour de sa jeunesse, et il sent qu'elle espère sa décision, mais il craint les réactions du clan familial. Peider lui en a dit long sur les fils de l'ardoisier. Retors et si âpres au gain qu'ils frôlent l'escroquerie. Ils sont réputés faire des dettes qu'ils ne remboursent pas, payent mal leurs employés, doivent de l'argent à leurs fournisseurs. Un travers que Johann n'encaisse pas. Lui a toujours eu la fierté de payer rubis sur l'ongle.

À ce point de sa réflexion, Johann débouche sur le chemin qui relie Sils Baselgia à Sils Maria. C'est l'endroit où il doit prendre à gauche s'il retourne chez Barbla, à droite s'il va chez Ladina. Il hésite un instant. Se décide pour la droite. Il offrira la cape à Ladina comme il l'a envisagé, et ensuite on verra quel tour prendront les choses. Il faut parfois se fier au hasard. « Le hasard, c'est Dieu qui se promène incognito », suggérera Einstein un siècle plus tard.

Johann a fait quelques mètres dans la brume et le rideau de flocons lorsqu'il voit de loin une forme venir à sa rencontre. Cette silhouette lui est familière. Qui est-ce donc ? Un sentiment bizarre l'alerte. Il distingue maintenant une femme. Elle porte une tenue de voyage bien trop légère pour le temps qu'il fait. Elle avance avec peine sur ses chaussures de ville. Lina ! Le cri lui a échappé. Et Johanna, où est-elle ? Le cœur de Johann chavire. Est-il arrivé malheur à l'enfant ? Lina est en larmes. Johann la secoue. Où est Johanna ? Où est ma fille ? hurle-t-il, soudain hors de lui. Restée à Berlin, dit alors faiblement Lina. Elle va bien. Mais que fais-tu là ? s'écrie Johann. Comment es-tu venue ? Elle raconte. Elle se sentait si seule. Il envoyait si peu de nouvelles. Elle se demandait ce qui le retenait à Sils.

Elle tait le contenu d'une lettre envoyée par un Silsois à Andrea. Johann va souvent se promener du côté de la maison de Ladina, a écrit le correspondant fielleux. Frederika a montré la lettre à Lina. Celle-ci s'est alors souvenue d'une histoire dont s'étaient entretenus Andrea et Johann. Restée pendant une longue période sans nouvelles et sans visite de son mari installé à Budapest, une Engadinoise était partie à pied pour la capitale hongroise. À son arrivée, elle avait trouvé une jeune femme installée dans la vie et la maison de son mari. Déçue et sévèrement secouée, elle avait refait son baluchon et s'en était retournée seule à pied vers son village.

Cédant à l'angoisse, Lina s'est décidée à faire le voyage. Elle a confié Johanna à Frederika et Andrea. Leipzig, Ratisbonne, Munich et Coire, ainsi que Johann le lui a écrit. Elle n'a pas imaginé qu'il lui faudrait surmonter tant de frayeurs et de difficultés. Le cocher l'a déposée à Sils Maria car elle ignorait qu'il fallait s'arrêter à Baselgia. Elle est entrée à l'auberge pour demander où habitait la famille Josty. On le lui a expliqué. Elle a laissé là-bas sa malle trop lourde pour un si long chemin. Ses beaux yeux turquoise sont emplis de larmes. Ils paraissent encore plus grands avec son visage amaigri. Johann s'avise soudain qu'elle tremble de froid. Elle frissonne de tout son corps. Ses lèvres sont bleues. Il prend la cape de laine qu'il tient sur le bras, en enveloppe tendrement les épaules de Lina. Viens, ma Lina. Tu me raconteras tout le reste à la maison devant un bon feu. Je suis content que tu sois venue, et fier de toi.

29.

Comment Johann présente Lina à Barbla, franchement je l'ignore. Sans doute Barbla est-elle choquée, même très choquée, par l'irruption de l'étrangère. Réticente envers celle qui a figure d'intruse, qu'elle traite peut-être de gourgandine. Mais bientôt séduite par la distinction, l'élégance et la finesse de Lina. Admirative de son courage. Et heureuse surtout d'apprendre l'existence de sa petite-fille Johanna. Qu'elle espère pouvoir serrer dans ses bras avant sa mort.

Et Ladina, comment réagit-elle ? On l'imagine blessée. Dépressive. Elle pleure souvent et longtemps. Se sent outragée. Réussira-t-elle à se consoler ? Trouvera-t-elle chaussure à son pied, cette Ladina qui mérite le bonheur ?

Ce qui se raconte dans les chaumières, les indignations vertueuses, les cancans et les gorges chaudes, seules les souris et les araignées en sont témoins, mais on sait que l'histoire a provoqué vagues et remous. Un chroniqueur misogyne racontera dans son journal intime que les femmes étaient tellement occupées à commenter le scandale qu'elles en oubliaient de préparer à manger. Le Silsois qui a révélé le pot aux roses à Andrea mesure-t-il sa responsabilité ? L'a-t-il fait pour assouvir une vengeance ? Par jalousie ? Par bêtise ?

Le couple doit redescendre très vite dans la vallée s'il veut éviter d'être bloqué à Sils par la neige. Johann promet à Lina, émerveillée par le spectacle du lac et des montagnes, séduite par la douce ambiance de la maison aux pièces tapissées d'arolle, qu'ils reviendront dans deux ans. L'an prochain, ce sera le tour d'Andrea. Barbla les voit partir avec émotion. Sait-on, à son âge, si l'on vivra assez vieux pour revoir les êtres aimés ? La prochaine fois, vous amenez Johanna ! insiste-t-elle.

Par chance, Johann se trouvait à l'auberge de Sils Maria quand a débarqué, gelé, un voyageur qui venait de Coire. Il a aussitôt retenu le cocher pour le lendemain. C'est-à-dire aujourd'hui.

Un dernier regard sur les montagnes enneigées, sur le clocher de San Lurench, sur les lacs qui semblent trembler dans la brume. Puis arrive Silvaplana, et la montée vers le col du Julier. Chaudement pelotonnée dans sa cape de laine blanche chinée de bleu, Lina se laisse emporter dans sa rêverie. Savoure la victoire d'avoir gagné Johann une deuxième fois. Elle revoit les premières scènes de leur amour. Accepteriez-vous de m'épouser, mademoiselle Caroline ? Et puis : Pourquoi refusez-vous de m'épouser ? Je ne vous plais donc pas ?

Pourquoi a-t-elle refusé avec tant d'entêtement ? Pour une promesse faite à ses parents. Mais lui en voudront-ils, là où ils sont, de leur désobéir ? Ne préfèreraient-ils pas, après tout, ces parents aimants, qu'elle agisse au mieux pour son bonheur ? Plus Lina réfléchit, plus elle comprend que cette résistance venait d'elle-même. Superstition, manque de témérité. Mais celle qui a accompli seule le voyage de Berlin à Sils est maintenant une femme différente. Elle sait pouvoir suivre ses impulsions, décider au lieu de se laisser porter. Chacun peut influer sur son destin, songe-t-elle alors que Johann lui raconte avec émotion les péripéties de sa fuite sur ce même chemin nappé de brouillard. Ils s'arrêtent à l'hospice pour laisser reposer les chevaux et prendre une soupe chaude. Un jeune capucin a succédé à celui qui avait recueilli le petit Gian.

Le brouillard s'est encore épaissi quand ils reprennent la descente en lacets. Soudain, dans un tournant, les chevaux se cabrent avec un hennissement furieux. Le cocher s'est brusquement trouvé nez à nez avec un paysan qui conduisait sa vache. Lina et Johann sont violemment projetés l'un contre l'autre, puis en avant. Non ! hurle Lina.

Étourdie, elle revient à elle. L'épaisse cape de laine l'a protégée d'un choc. Johann ! appelle-t-elle. Il ne bouge pas. Ne répond pas. Lina est prise de terreur. Faut-il le secouer ? Il est à genoux. Son front a dû heurter une barre de cuivre. Johann ! hurle-t-elle encore, agrippant ses épaules. Il tressaille, se secoue, se relève lentement, puis se tourne vers Lina, la regarde avec affolement. Tu es blessée, ma Lina ? Non, et toi ? J'en serai quitte pour une bosse, dit-il en se massant le front. Elle se jette dans ses bras, reconnaissante envers le ciel. Dis, Johann ? Oui, mon trésor, qu'y a-t-il ? Veux-tu m'épouser, Johann ?

Voici plus d'un mois que Lina et Johann sont de retour à Berlin. Fâchée de leur absence, Johanna n'a d'abord pas daigné répondre à leurs baisers. Les a regardés comme s'ils étaient transparents. Mais quelques heures ont suffi pour qu'elle retrouve son comportement aimant et témoigne sa joie de les revoir. Johann a constaté que le Café Josty n'a pas souffert de son absence, ce qui a empli Frederika et Andrea de fierté. Il a retrouvé avec une joie égale l'atelier, les cuisines et son bureau, et a été pris d'un accès de goinfrerie en redécouvrant macarons à la fleur d'orange, ananas confits et gaufres au chocolat.

Lina est redevenue joyeuse, enjouée. Elle a retrouvé son sourire si doux, ses yeux pailletés.

Ce dernier jour de novembre, Lina et Johann marchent tous deux dans la rue. Johann a parcouru la gazette pendant que Lina se préparait à sortir, et ce qu'il a appris est tellement énorme qu'il ne peut s'empêcher de le lui conter.

Sans nouvelles de l'empereur Alexandre auquel il a fait des propositions de paix, Napoléon a décidé de retourner en France et quitté Moscou le 19 octobre. Il s'est alors aperçu que le maréchal Koutousov avait réparti son armée de façon à lui couper toutes les routes, sauf celle qu'il a prise à l'aller. Or, tandis qu'il avançait vers Moscou, les Russes en reculant avaient appliqué la politique de la terre brûlée, détruit vivres et récoltes. La Grande Armée a vite souffert du manque de nourriture, des nuits glaciales et des rencontres avec les loups ou les ours, des Cosaques qui voltigeaient autour d'elle comme des mouches attirées par une chair saignante.

L'avant-garde approchait de Smolensk lorsque la grande neige s'est abattue, avec des tourbillons de vent glacé et un froid terrible. Et les chevaux ont commencé à servir de nourriture…

Lina frissonne d'horreur sous sa cape pourtant bien chaude.

Napoléon a alors appris, poursuit Johann, qu'un certain général Malet, annonçant la mort de l'Empereur le 7 octobre en Russie, a tenté un coup d'État en France. L'Empire a été renversé pendant quelques heures. N'écoutant que sa rage et son orgueil, Napoléon s'est précipité vers Paris avec son élite. Sans souci de l'arrière-garde qui s'allongeait en une immense queue de traînards sans défense, harcelés par la faim, le froid, les Cosaques. La progression de l'armée russe l'a obligé à changer de route. Il atteint maintenant la rivière Bérézina. Dont les Russes ont détruit le pont qui aurait permis la traversée. Les pontonniers travaillent nuit et jour dans l'eau gelée pour construire un nouveau pont, sans autre aliment qu'un peu de bouillie sans sel, se débattant parmi les blocs de glace charriés par le dégel. Tu imagines, ma Lina ?

Ni Lina ni Johann n'ont de mots pour traduire l'écœurement qu'ils ressentent face à l'effroyable carnage. Mais ils sont arrivés à destination. Échangent un tendre sourire tandis que Johann sonne à la porte d'un presbytère. Une femme avenante ouvre, et les introduit auprès du pasteur, qui les prie de s'asseoir. Sa barbe broussailleuse d'un roux clair jette une note lumineuse sur sa robe noire à larges plis. Johann expose la situation. Ils souhaitent se marier. Il est protestant. Lina est juive. Acceptez-vous de votre plein gré de vous marier dans un temple protestant ? demande le pasteur à Lina. Oui, répond-elle d'une voix claire. Si c'est votre choix, nous y consentirons également. Faut-il que je me convertisse à la foi protestante ? demande Lina, les doigts crispés sur sa jupe. Non, mon enfant. Mais si un jour vous souhaitez embrasser notre foi, vous serez la bienvenue. Réfléchissez-y le temps qu'il faudra.

Lina et Johann quittent le presbytère en donnant rendez-vous au pasteur le 13 janvier 1813. Le temps pour Lina de faire réaliser sa robe et celle de Johanna.

30.

Maman ! hurle Johanna en sanglots. Ma robe s'est déchirée ! Lina accourt. Ce n'est pas grave, ma chérie. Pas grave du tout. Elle a plus de trois ans, ta robe, et devient trop courte. Mais comme l'étoffe est restée belle, je vais la transformer pour Ida.

Ida est la petite sœur de Johanna, née en 1814 à Sils. Selon leur promesse, Lina et Johann ont en effet cette année-là passé quelques mois dans la maison de Barbla. Où Ida est née. Où Johann a commencé à donner corps à son rêve de maison. Il a acheté de vastes prairies du côté de l'église San Lurench, qui s'étalent vers le lac de Silvaplana. A dessiné et redessiné sa demeure. A consulté des architectes berlinois. A fait et refait des plans. Selon son habitude, il s'est montré précis, sérieux, voire tatillon. Architecture et pâtisserie sont sœurs jumelles. Johann s'est procuré, dès sa publication en 1815, le remarquable ouvrage du célèbre chef et pâtissier français Antonin Carême : *Le Pâtissier pittoresque*, « composé et dessiné par M. A. Carême, contenant cent vingt-cinq planches gravées au trait, dont cent dix représentent une variété de modèles, de pavillons, de rotondes, de temples, de ruines, de tours, de belvédères, de forts, de cascades, de fontaines, de maisons de plaisance, de chaumières, de moulins, et d'ermitages. Précédé d'un traité des cinq ordres d'architecture, selon Vignole ; auquel on a joint des détails des ordres Cariatide, Paestum, Égyptien, Chinois et Gothique ; tirés de l'Ouvrage de M. Durand, Parallèle des Monuments antiques et modernes ».

Nous sommes donc en 1816. Dès son arrivée fin mai, Johann est frappé par la misère des villageois. Les récoltes de foin ont été si mauvaises les années précédentes que les granges sont vides. Il faut emmener les bêtes au pacage pour qu'elles puissent se nourrir. Et les ramener aussitôt à l'abri tant il tombe de neige. Johann, qui début juin commence à faire livrer sur place les matériaux de construction, est obligé d'utiliser des traîneaux. Des crocus lilas jaillissent du manteau blanc. La main-d'œuvre ne manque pas, tellement chacun est avide de gagner quelques sous.

Cependant le soleil revient. Et voici que débarquent Daniel, son épouse Catarina et leurs quatre enfants. Michel né en 1805, Nicolaus en 1807, Barbla en 1813, Narcisse en 1815. Joyeuse tribu. Depuis un an, Daniel loge sa famille dans une maison de Madulain, à vingt-cinq kilomètres, et vient parfois passer quelque temps chez Barbla. Ce qui n'empêche pas le cafetier-pâtissier-brasseur de veiller sur ses commerces et de les faire prospérer. De 1806 à la présente année 1816, lira-t-on dans *Bière de mon tonneau*, le livre en allemand, romanche et français, avec des textes différents dans chaque langue et bon nombre de poèmes, qu'il publiera en 1835, « je m'intéressai encore dans une boutique de pâtissier, dans un établissement de café, pâtisserie et brasserie à Fontenai, en un café à Luçon et à Marand, en une brasserie et café à Rochefort, où par ces dix ans de gestion par moi-même et les bénéfices que je comptais tirer des dudits établissements, joints aux intérêts de ce que j'avais tiré de la fortune de ma femme, me firent concevoir, ayant quatre enfants, le projet que j'effectuai la même année, de me retirer en Suisse, afin de leur procurer l'avantage de respirer l'air pur des montagnes et goûter d'une liberté qui présente aux jeunes esprits l'illusion d'une république ». Ainsi Johann et Daniel se sont-ils enfin retrouvés. Et s'apprécient chaque jour un peu plus.

Les chambres tapissées d'arolle sont alors toutes occupées. Personne n'imagine quelles célébrités y logeront à partir de 1908, lorsque Maria et Paul Godly, après avoir acheté la maison pour l'habiter, en feront ensuite une pension. Défileront, sous la houlette de leur fille Annigna Godly, Herman Hesse, Thomas Mann et Marc Chagall, tous trois avant de prendre leurs habitudes au Waldhaus, la sulfureuse écrivaine, photographe et journaliste Annemarie Schwarzenbach – elle mourra à la suite d'une chute à vélo sur le chemin qui longe le lac de Silvaplana –, le peintre expressionniste allemand Emil Nolde, le poète Paul Celan, le dramaturge suisse Friedrich Dürrenmatt, Rainer Maria Rilke passionné par les fleurs alpines et venant à Sils pour rencontrer sa traductrice danoise. Annigna leur préparera un pique-nique lorsqu'ils partiront en excursion. La porte et les volets de bois étaient-ils déjà peints dans leur couleur verte à la fois douce et vive? Annigna sera la première à vouloir préserver le village à l'heure où l'on s'apercevra que l'automobile brise le silence et tue les poules.

Cependant, en ce curieux mois de juin 1816, et les mois suivants encore, la neige ne cesse de blanchir le toit de la future Pensiun Chastè. « Le 27 juin, la neige tombe en grande quantité, s'installe pour deux jours, note M. Robbi dans son journal. Un grand froid s'ensuit. Rebelote le 2 juillet. Le 5, départ pour l'alpage. Le 11, le paysage est à nouveau blanc au lieu de vert. Nous laissons cruellement les bêtes souffrir là-haut. Le 17, nous montons pour mesurer la production de lait. Il faut désalper la moitié du troupeau à cause de la neige. Le 23, triste résultat de la mesure de production du lait. Le 30, notre pauvre bétail doit quitter l'alpage en raison d'une nouvelle chute de neige. Bien que j'aie eu pendant quelques jours des faucheurs à la maison, j'ai dû acheter du foin car la grange est vide. Le 31 août, encore de la neige. Le 1er septembre, ça continue. Le 2, il faut évacuer l'alpage. On n'a pu faire que très peu de fromage. Bénéfices ridicules. Il a neigé dix-neuf fois pendant cet été. Les bêtes ne trouvent plus d'herbe, ni sur les prés ni sur les pâturages. Certains pâturages ont été recouverts de neige pendant toute l'année. Le Lej Sgrischus[1] n'a pas dégelé. »

Cette situation préoccupante entraîne au village une misère toujours plus aiguë qui alimente la conversation de Johann, Daniel et M. Robbi. Et lorsqu'ils en ont examiné

1. Petit lac sur le versant sud du Piz Corvatsch, dans le Val Fex, à 2 640 m d'altitude.

tous les aspects, ils passent à Napoléon. Thème inépuisable. M. Robbi n'a pas digéré un fait précis concernant le passage de la Bérézina. L'engagement le plus meurtrier pour les troupes suisses ! fulmine-t-il, la voix tremblante d'indignation. Il restait mille trois cents hommes. Faute de munitions, ils ont dû charger à la baïonnette les soldats russes. À huit reprises ! À la baïonnette ! Seuls trois cents ont survécu. Ce n'était plus que des débris, cette Grande Armée, lâche M. Robbi, partagé entre colère et compassion. Quel calvaire !

Napoléon doit à ces « débris » d'avoir échappé à une capture par ses poursuivants russes, observe Daniel de la voix distanciée dont il use comme directeur de café. Ce qui eut signifié la fin de l'Empire. Et la fin des crimes napoléoniens.

Daniel, sujet suisse vivant en France, a des idées très précises sur Napoléon. Il les publiera d'ailleurs en français dans *Bière de mon tonneau*. Mon opinion, déclare-t-il en allumant sa pipe, c'est que cet homme s'est montré extrêmement grand dans sa petitesse. Le cafetier-brasseur donnera dans son livre dix « preuves » de cette petitesse.

Après la Bérézina, s'amuse Johann, tout empereur qu'il était, il a détalé comme un lapin. Il s'est enveloppé d'épaisses fourrures et a voyagé sous un faux nom. En Allemagne, il était tellement haï que les gens en auraient fait de la chair à pâté s'ils l'avaient découvert. Et une fois arrivé à Paris, il se pavane ! Il pérore ! Il harangue ! Il occupe la scène pour cacher l'atroce réalité. Il n'a pas une parole de regret pour le demi-million d'hommes qu'il a fait massacrer. Il donne des fêtes ! Il ne songe qu'à reconstituer une armée ! Il enrôle des vieux et des gamins ! Il repart en guerre en disant que c'est le seul moyen de pacifier l'Europe ! Et le voilà en route pour bousiller l'Allemagne. À Lützen, il triomphe de la Prusse et de la Russie : vingt mille morts ou blessés de chaque côté. Johann est rouge d'énervement. L'admiration qu'il portait à Napoléon lors de leur rencontre à Berlin a fondu comme neige au soleil. Il ne supporte pas qu'on fasse bon marché de la vie humaine. Encore une victoire à Bautzen, poursuit-il avec aigreur. Et puis après... Franchement, je me suis réjoui quand il a perdu l'Espagne et la Hollande. Et Lina et moi, on a bu une bonne bouteille de champagne après sa défaite de Leipzig. Mais le cœur gros, quand même. On dit que cette bataille a été la plus sanglante du siècle et peut-être de tous les siècles. Cette fois, les ennemis du Corse ont tout fait pour avoir sa peau.

C'est là, fin 1814, que c'est devenu dangereux pour nous, commente M. Robbi. Ici en Suisse, on était quand même pour la France parce que l'Acte de médiation nous a donné la liberté. Alors, quand on a appris, fin 1813, que les Autrichiens, les Russes et les Prussiens s'apprêtaient à franchir le Rhin pour attaquer Napoléon sur ses terres, la Suisse a proclamé l'intention de rester neutre. Mais ça n'a pas dissuadé les Autrichiens de traverser le territoire, et on ne pouvait rien faire. Et les soldats ont apporté le typhus dans le pays !

Napoléon s'est battu comme il a pu, se souvient Daniel, mais il n'a pas réussi à empêcher les empereurs d'Autriche et de Russie d'entrer dans Paris. La honte ! Il me semble que c'était le 31 mars. Et c'est ainsi que le quadrige a retrouvé sa place sur la porte de Brandebourg ! souligne Johann. Et il raconte comment, avec Andrea, ils ont en 1799 sculpté une petite reproduction de la porte – avec le quadrige ! – pour orner leur vitrine de Noël. On était installés depuis trois ans, ou presque, se souvient-il avec émotion. Andrea et moi, on vivait encore comme des chiens…

Noël 1799, l'interrompt Daniel avec fougue, c'est justement là que tout s'est joué ! Bonaparte venait de fomenter le coup d'État du 18 brumaire, et il est devenu Premier consul à la Noël. Les Français auraient mieux fait de le renvoyer dans son île. Je viens justement de lire une brochure signée de Chateaubriand sur celui qu'il appelle « l'usurpateur ». L'auteur mentionne tous les crimes de Napoléon. Écoutez un peu ! Avoir fait assassiner des prisonniers politiques. Avoir dévoré en dix ans quinze milliards d'impôts et cinq millions d'hommes. Avoir volé des centaines de millions à tous les peuples d'Europe pour s'enrichir lui-même, engraisser ses parents et ses complices. Évidemment, il était fou de rage quand il a appris qu'il devait abdiquer. Terminé, la bonne soupe !

C'est là qu'il est parti dans son île d'Elbe, ajoute Johann, et on se croyait bien débarrassés. Et voilà Louis XVIII sur le trône de France. Un gros gourmand toujours cloué sur son fauteuil par la goutte, qui ne manquait pas de bon sens. Mais à peine un an plus tard… Comment vous l'avez appris, vous ? Je me souviens que j'avais rendez-vous avec un architecte. Il entre comme une bombe dans mon bureau et dit, sans même me saluer : Napoléon est en France ! J'étais pris de stupeur. Heureusement, ça n'a duré que cent jours.

Assez longtemps toutefois pour qu'il organise encore un carnage à Waterloo, et…

… et ça ne l'a pas calmé ! le coupe Daniel. À peine de retour à Paris, il a eu le culot de réclamer une dictature ! Daniel éclate de rire. C'est le général Lafayette qui lui a cloué le bec. Je me souviens encore de sa phrase. Et de déclamer : « Depuis plus de dix ans, trois millions de Français ont péri dans les sables d'Afrique, sur les bords du Guadalquivir et du Tage, sur les rives de la Vistule, dans les déserts glacés de la Moscovie, pour un homme qui veut lutter encore aujourd'hui contre toute l'Europe ! Nous avons assez fait pour lui ; maintenant, notre devoir est de sauver la patrie. » Quelle mémoire ! le complimente M. Robbi. Enfin, tout est bien qui finit bien. Napoléon a abdiqué, pour de bon cette fois, et je ne vois pas comment il pourrait revenir de son île de Sainte-Hélène. Il nous a fait peur longtemps mais, maintenant, l'ogre que je crains le plus, c'est la famine qui nous menace à Sils.

Cette famine, ce n'est pas seulement un mot. C'est une réalité tragique.

Johann, l'enfant prodige de Sils en devient alors l'enfant prodigue. Il lance le chantier de sa maison. À Sils Baselgia, Sils Maria, Fex et plus loin encore, il fait travailler les maçons et plâtriers, les bûcherons, le charpentier, le verrier, le tonnelier, les portefaix, le marbrier, le plombier, le tapissier. Et aussi les ardoisiers fils de Ladina, Peider le menuisier, M. Robbi pour la serrurerie et la ferronnerie. Il rémunère sans attendre le travail bien fait. Les gens peuvent alors acquérir de la nourriture là où il s'en trouve. M. Robbi continue à acheter du seigle milanais à des contrebandiers. Qui l'apportent via le col de Muretto, le Val Codera ou le Val Bondasca, note-t-il dans son journal. « À Castasegna, écrit encore M. Robbi, j'ai pu acheter du froment d'origine américaine. Nous n'oublierons pas de sitôt cet hiver de famine. »

Et pendant ce temps, dans le hameau de Sils Baselgia, chacun voit s'élever sous ses yeux incrédules une *chesa*, une maison, telle qu'il n'y en a pas de pareille dans le canton des Grisons.

31.

Un clocheton de style berlinois surmonte le Palazzo Josty, avec perron et rampe d'accès, qui s'organise autour de la *stüva*, le séjour typique de Haute-Engadine. Entièrement tapissée de bois d'arolle jusqu'aux poutres finement sculptées, la pièce comporte un haut poêle niché dans un énorme placard carré aux parois travaillées telle une dentelle. Une trentaine de chambres se répartissent sur deux étages. Des étables de marbre, destinées à rester d'une propreté parfaite, sont garnies de bancs et de tables afin de s'ouvrir aux fêtes du village.

Lina et Johann emménagent en 1817. La maison s'emplit d'objets de luxe propres aux citadins. Chandeliers d'argent. Tableaux par dizaines. Services de porcelaine. Flacons, carafes, verres de cristal. Lustres à pendeloques. Quinquets à cheminée de verre. Cave à cigares en palissandre s'ouvrant en musique. Mappemondes. Livres finement reliés. Pour que la fête soit complète, l'ancien chevrier offre à Sils un lavoir et une pompe à incendie fixée sur une voiture qui sera tractée par des chevaux. J'imagine aussi Johann réalisant pour les fêtes des tartes aux noix, aujourd'hui une spécialité de la région, larges comme des roues de charrette. Telle est sa magnificence.

Recevoir à l'étable est une coutume de la région. Sur le chantier, Johann en a respecté une autre. Deux patrons se sont disputés. Le maître de la future maison les a amenés par ruse à s'asseoir à la même table. Dès ce moment, les deux adversaires sont devenus sacrés l'un pour l'autre : ils ont mangé le même pain, partagé le même sel.

Le Palazzo Josty n'a pas la faveur de M. Karl Kasthofer, Grand Forestier du Canton de Berne, Membre de la Société d'Utilité publique et de plusieurs Sociétés savantes, et Membre correspondant de la Société d'Agriculture Royale de France. Il ne l'envoie pas dire dans son ouvrage *Bemerkungen auf einer Alpen-Reise*, paru en 1825 et traduit en français deux ans plus tard sous le titre *Voyage dans les petits cantons et dans les Alpes Rhétiennes*.

« Une grande et nouvelle maison, mais dont le goût qui présida à sa construction, ne fait nullement honneur à l'architecte, annonce au loin la richesse du propriétaire, à qui elle a, dit-on, coûté cent mille florins. » Le savant aurait souhaité visiter la maison. Impossible. « Car elle se trouvait hermétiquement fermée, et entourée d'un silence profond. Cette masse de pierres n'est environnée d'aucun arbre ; la prairie où elle a été construite est tout à fait négligée, et les plantes marécageuses empiètent jusque sur le seuil de la porte… (À Casaccia) un campagnard, qui nous accompagnait, nous fournit quelques détails biographiques concernant le fondateur du monument inutile dont nous venons de parler. (…) Dans sa jeunesse, Mr Ista (*sic*) était gardeur de chèvres d'un maître brutal et sévère, de la commune de Sils. Un jour l'un des sujets confiés à ses soins, se montrant rebelle à ses exhortations, il lui lance une pierre, et lui fracture le pied. Rempli de terreur en songeant à la dureté de son maître et aux conséquences immanquables de ce délit, il s'enfuit, arrive comme il peut dans l'une des principales villes de l'Allemagne, et a le bonheur d'être installé dans la boutique d'un confiseur de l'Engadine, qui lui enseigne sa profession. Actif et intelligent, le jeune homme profita si bien des leçons de son maître, qu'il finit par s'établir pour son propre compte. Il perfectionna l'art du chocolatier, et sa bonne étoile voulut que l'épouse du prince régnant approuvât et louât hautement son savoir-faire. Le goût des princes, et surtout des belles princesses, devient toujours celui des courtisans ; les habitants des capitales se modèlent sur ceux-ci, et les provinces adoptent aveuglément ce qui est réputé bon dans les capitales. Bref, le pauvre gardeur de chèvres devint bientôt, comme chocolatier breveté de la princesse, un particulier riche et considéré. Mr Ista a contracté un mariage heureux, qui l'a rendu père de plusieurs enfants. »

Un troisième enfant, Johann Friedrich, est en effet né en 1818. L'arbre généalogique dont je dispose, dû à Dolf Kaiser, ne précise pas son lieu de naissance, mais on y lit l'habitude pour les femmes de la famille d'accoucher en Haute-Engadine.

« Mais chaque année, poursuit l'honorable Kasthofer, à l'approche de la belle saison, il (le chocolatier) quitte le théâtre de sa fortune (Berlin), épouse et enfants… »

Faux ! L'informateur du savant connaissait mal son sujet. Car Lina et les trois enfants accompagnent toujours Johann lorsqu'il quitte Berlin pour Sils. J'imagine qu'un précepteur privé les suit dans leurs pérégrinations.

« … pour se transporter dans une patrie qu'il n'a pas cessé de chérir, et passe l'été dans la haute région de Sils ; là, heureux de se revoir sous l'influence des glaciers de sa vallée natale, de jouir encore de l'aspect du beau lac, de l'ombre des cimbres et des mélèzes, il se divertit et passe d'heureux moments avec les anciens compagnons de son jeune âge. Nous l'avons rencontré nous-même à Samaden et à Celerina, monté dans un mauvais chariot ouvert, répandant partout la gaieté, et offrant le petit coup de vin à tout venant. Cet homme si simple possède cependant un million d'écus. Ni sa grande opulence, ni le séjour corrompu d'une grande ville, où règnent le luxe et la mollesse, n'ont pu lui faire oublier son agreste patrie, ni diminuer son attachement pour les compagnons d'une jeunesse qu'il a passée dans la misère, ni le détacher des mœurs de son pays. »

S'il était besoin, ce texte démontrerait que Johann mène joyeuse vie à Sils. Il se rattrape pour ses années de jeunesse. Son meilleur ami est Peider. Maintenant établi à son compte, le menuisier a vu son train de vie bien amélioré par les murs, poutres, parquets, chambranles, plinthes, fenêtres, portes et coffres d'arolle exécutés dans son atelier pour le Palazzo. Il a gardé le goût de pêcher et l'amitié du bourgeois de Casaccia qui a hérité du droit de pêche sur la partie du lac nommée Lej Gadina. Aussi est-il l'un des premiers avisés lorsque ce droit va être vendu. Il en parle aussitôt à Johann, qui achète sans coup férir. Nous sommes à la fin de l'année 1817. Lej Gadina sera la première part des *Josty'schen Fischerrechte*. Quatre achats suivent en 1818. Deux autres en 1819 rendent Johann propriétaire des deux tiers des droits de pêche du lac de Sils. Il aime aller d'un coin à l'autre en barque. De Chastè à Plaun da Lej. De Plaun da Lej aux abords d'Isola. D'Isola au pied de Maloja. Et lorsque Johann, abreuvé d'air et de soleil, met le pied à terre, il ramasse sur la rive pour ses enfants des *Silserkugeln*, boules aussi rondes que le soleil ou la lune, constituées d'un agglomérat d'aiguilles de mélèzes formé par l'action du vent et de l'onde. Puis, en quelques pas, rejoint sa maison.

M. Kasthofer est l'un des rares à avoir dénigré le Palazzo. Jalousie ? Jansénisme ? La vaste demeure à clocheton fait plutôt l'admiration de chacun dans la région, et d'ailleurs, lorsqu'à la fin des années 1860, il s'agira de la vendre, elle trouvera facilement un acquéreur, et non des moindres, puisqu'il s'agit de Johannes Badrutt. Une garantie dans l'hôtellerie. Ce maître maçon et marchand de fer, qui a jeté la base d'un empire hôtelier à Saint-Moritz en donnant à une petite pension les atouts d'un hôtel de luxe prestigieux, a inventé le tourisme estival, puis hivernal, dans les Alpes.

Badrutt achètera donc le Palazzo Josty et en acquerra aussi, semble-t-il, le contenu fastueux. Meubles, tapis, vaisselle, tableaux. En un premier temps, il y logera sa famille. Puis il l'ouvrira en 1891 aux touristes sous le nom d'Hôtel de la Grande Vue, changé plus tard en Pension Entre Lac. La clientèle anglaise se disputera les chambres.

Mais en 1901, grand branle-bas, son petit-fils Peter A. Badrutt donnera un nouveau statut à la maison patricienne de Johann Josty, rebaptisée Hotel Margna. L'été, les touristes anglais partiront à l'assaut des glaciers, réserveront des attelages pour les amener à Maloja, Saint-Moritz ou Pontresina. L'hiver ils s'élanceront en patins sur le lac de Sils qui s'étend à quelques pas de l'Hotel Margna. Et les élégantes robes à la cheville des dames chapeautées se refléteront sur la surface du lac gelé.

C'est donc le hameau de Sils Baselgia, plus exactement la fabuleuse maison de Johann Josty, qui, précédant la construction du Waldhaus, a donné le coup d'envoi à l'essor prodigieux de Sils Maria.

Ayant acquis également les droits de pêche du confiseur, Badrutt fournira en poisson presque tous les hôtels d'Engadine. Le téléphone arrivera en 1902. Le train sifflera dans la gare de Saint-Moritz en 1903, mais n'atteindra jamais Sils.

Aujourd'hui comme alors, les hôtes apprécient à l'Hotel Margna l'impression d'évoluer dans un intérieur privé. Quelqu'un joue du piano. En hiver les frileux se groupent autour de la cheminée. Dans le salon voisin s'élèvent les rires et les exclamations des joueurs de cartes. La porte de la bibliothèque-fumoir va et vient. Un redoutable parfum de strudel chatouille les narines. Vous pouvez le savourer dans la *Stüva 1817*, encore « dans son jus », telle que la conçut Johann, abritant de nos jours un petit restaurant qui sert des spécialités engadinoises. L'arolle s'est parée d'ocelles brun clair qui attestent son âge. Dans la grande salle à manger à l'autre bout de la maison, le maître d'hôtel vous accueille comme un ami. *Ihr Zuhause im Engadin*, dit la publicité. *Zuhause*, chez moi ou chez soi, Nietzsche employait ce mot à chaque retour dans sa chambre chez M. Durisch. Skieur de fond, vous chaussez vos skis à quelques mètres, derrière la Pensiun Chastè, et vous vous élancez sur la piste. À l'orée du lac gelé un poteau bisaisonnier vous amuse. Le panneau signalant la possibilité de verglas surmonte une bouée de sauvetage. Le soleil fait scintiller la neige. Elle chante sous vos pas. Claudio Abbado, le célèbre chef d'orchestre qui vivait dans le Val Fex, en aimait particulièrement le son. Un oiseau parfois vous salue. Ou manifeste son indignation de vous voir traverser son territoire. Le vent souffle délicatement sur les paquets de neige pendus aux branches des arbres et les disperse en un fin voile. Une heure plus tard, vous distinguez le hameau d'Isola lové au pied d'une montagne. Ses petites fermes grises aux toits chaudement couverts d'une couette blanche. Des chèvres noires parfois vous accueillent.

Les Silsois ont très vite compris que les nouvelles inventions dégradent le paysage. Que les fils électriques et les poteaux brisent l'horizon. Le rétrécissent. Empêchent la respiration de l'âme. De nos jours, Sils essaie de vivre du tourisme sans que celui-ci détruise son patrimoine.

Johann aurait eu chaud au cœur si, à l'instant de mourir, à l'instar de Moïse, le futur lui avait été dévoilé. L'émigré de Sils, qui a fait fortune en Allemagne, aurait jubilé d'apprendre, retour des choses, que le personnel permanent de l'Hotel Margna, son ancien Palazzo Josty, comporte aujourd'hui, outre des Suisses, des employés portugais, espagnols, allemands, italiens, polonais, lituaniens. Heureux par ce travail à l'étranger d'offrir une vie agréable à leur famille. Chacun passe des dizaines de fois par jour devant le portrait de M. Josty, placé au-dessus des marches qui desservent le rez-de-chaussée. Portrait peint en 1824. Signé Hesse.

Johann a-t-il conservé les pigments naturels de son épaisse tignasse ? Les messieurs se teignent-ils les cheveux à l'époque ? Porte-t-il une perruque ? L'artiste lui a-t-il improvisé une coiffure seyante ? Toujours est-il que sa chevelure sagement plaquée, couleur châtaigne, encadre un large visage rasé, à la fois sévère et avenant. On prête à Johann un caractère bien trempé, une vue perçante. De forte constitution, large d'épaules, il se tient debout devant un paysage de lac et de forêt, bordé à droite par un épais rideau de soie maintenu par des cordons dorés, et terminés par des glands à freluche. Lui qui a si longtemps disparu sous la veste gris souris portée au Café Josty pose en épaisse veste d'intérieur anthracite, doublée de fourrure au col et aux poignets. L'échancrure évasée laisse apparaître une chemise de toile blanche à plis sous un gilet de shantung ivoire. La main droite, au bout du bras accoudé sur un meuble couvert d'une étoffe lie de vin, tient un large papier déplié, couvert de caractères. J'hésite entre un contrat et une carte géographique. Le petit doigt porte un anneau d'or. L'alliance devenue trop étroite pour l'annulaire ? La main gauche est glissée dans la poche. Il ressort de ce portrait un mélange de force et de tendresse. Et une profonde bienveillance.

Telle sera donc l'apparence de Johann en 1824. Pour l'instant, il vivrait à Sils des jours de pur bonheur si la famine ne menaçait pas sans cesse la région. Il souffre pour les Silsois. En octobre, la neige décime toute la récolte d'orge. Il fait alors entourer sa propriété d'un mur extérieur. Ce qui donne du travail aux gens.

Pendant ce temps, Ladina, grand-mère à présent, offre un peu de chaleur aux villageois. Elle récolte les vieux pulls troués aux coudes et aux poignets, les chaussettes mangées au talon. Les retricote pour les partager entre les nécessiteux. Son sac de laine au bras, elle se rend souvent chez Barbla. La vieille dame n'a plus l'énergie ni les yeux pour tricoter mais se plaît à détricoter. Elle s'assied près de la fenêtre. La fine poussière de laine fuse dans le rai de soleil. Lorsque Johann passe voir Barbla, il est heureux de rencontrer Ladina chez elle. Ils échangent des regards et des sourires muets, chargés de tendresse et de complicité. Il sait qu'elle a terriblement souffert de son mariage avec Lina. Qu'elle lui en a beaucoup voulu. Mais qu'elle lui a pardonné après avoir rencontré la petite Johanna.

Ainsi passent deux ans. Et puis la mort frappe. La chère Barbla décède en février 1821, à Madulain, entourée par la famille de Daniel. Trois mois plus tôt que Napoléon sur l'île de Sainte-Hélène. Dont on a peu à peu admis qu'il a aussi fait œuvre utile. Le Code civil. La création de la fonction de préfet. La Légion d'honneur. Le Concordat. La Banque de France. L'École militaire de Saint-Cyr. Le baccalauréat et les lycées. Le canal du Rhône au Rhin. Le remplacement d'anciennes routes datant de l'Empire romain par des voies plus praticables. Les « foires » pour faire connaître les nouveaux produits industriels. Le port de Cherbourg. À Paris, quatre ponts supplémentaires pour enjamber la Seine. Paris, devenue l'une des villes les mieux éclairées au monde et disposant enfin d'eau potable ! Et, ce qui ravira certains, la fabrication de cigares en France.

Le fait que Barbla soit morte à Madulain laisse entendre que cela survient en une période où Johann et les siens sont retournés à Berlin, ainsi que l'écrira M. Kasthofer. Un déplacement qui a dû être facilité par les travaux pratiqués sur le col du Julier, aménagé de 1820 à 1826.

Bien qu'éloigné de ses entreprises, Johann ne les a jamais négligées. La preuve nous en est donnée par Daniel. « Après un séjour de deux ans en Suisse, écrira-t-il dans *Bière de mon tonneau*, je retournai passer deux autres ans à Niort. » Une mauvaise surprise l'y attend. Incompétence du gérant ? Effet des circonstances ? Ses intérêts ont fortement diminué sans remède possible. En 1818, l'année de la naissance de son fils Gian, il fonde encore le Café Français de Rochefort avec sept autres Engadinois, mais cela n'apporte pas grand changement… « Ce qui me fit prendre la résolution de céder aux sollicitations réitérées de mon frère aîné, qui était lui-même établi à Berlin confiseur, en y établissant avec lui une brasserie. » Quittant Niort pour toujours, Daniel retourne à Madulain. Y reste six mois. Conçoit son fils Daniel Jean, qui naîtra en 1820. Emménage à Berlin à l'automne 1819 avec ses deux fils aînés. Il met Michel en apprentissage au Café Josty et envoie Nicolaus au collège pour trois ans avant de lui faire également apprendre le métier de confiseur. Quant à lui, il ouvre avec Johann une brasserie à Prenzlauer Berg, au nord de Berlin, où s'en élèvent déjà d'autres, un quartier bobo d'aujourd'hui. Puis il reprend ses deux garçons pour leur enseigner le métier de brasseur. Parallèlement, il crée avec Johann le Kreazom, leur soupe de chocolat additionné d'extrait de bœuf que les gymnastes passent boire le matin au Café Josty avant d'aller se dépenser en salle. Et là ne s'arrête pas l'inventivité de Daniel.

D'après le *Dictionnaire historique de la Suisse*, il introduit en Allemagne la bière de garde, une spécialité du Nord de la France, refermentée en bouteilles de champagne. Un amateur décrit la bière Josty comme « quelque chose de léger, de rustique, de vif, d'aromatique et d'élégiaque ». Une rubiacée, la reine des bois, parfois la parfume. Mais Madulain et l'air des montagnes rappellent Daniel. « Je leur remis (à ses deux fils aînés) l'an 1825 la direction de la brasserie et je me rendis en Suisse près de ma famille, écrira-t-il encore, d'où quinze mois après je la conduisis avec moi à Berlin. Dans cet intervalle de mon séjour à Berlin, il me naquit encore une fille, Adelina, en 1828, ce qui porta le nombre de mes enfants vivants à sept. Ma brasserie à Berlin prospérait également, comme avaient fait les autres établissements en France sous ma direction, de sorte que sans être riche j'ai une honnête existence. » La bière Josty sera aimée du philosophe Arthur Schopenhauer qui la conseillera autour de lui. Une rue voisine de la brasserie sera en 1890 baptisée la Jostystrasse. En 1829, Daniel ornera Madulain de son propre Palazzo Josty, et décèdera en 1846 à Berlin.

Mais en mai 1826, nous ignorons encore ces tout derniers épisodes. Le Café Josty ne désemplit pas. La brasserie Josty produit de la bière en quantité. Johann continue aux belles saisons de mener joyeuse vie à Sils. Il forme avec Lina un couple soudé. Chacun a ses occupations, et s'il y a des disputes, elles ne durent jamais bien longtemps. Les enfants les ont parfois mis en colère et, bien sûr, les punitions sont tombées, mais on ne se souvient de ces moments que pour en sourire.

Début mai, Johann veut se rendre à Plaun da Lej pour y rencontrer son pêcheur. Le chemin le plus court passe par le lac. Il sort son chariot et flatte l'encolure de Biscuit, vieux et fidèle cheval qu'il ne se résout pas à remplacer. C'est en un pareil début de mai que le général Lecourbe a traversé le lac de Sils gelé avec toute son artillerie. Et les gens de Sils n'ont-ils pas fait de même, une autre année, pour mener leurs troupeaux de vaches à Chiavenna, faute de foin dans les granges ? Le soleil brille comme un gros diamant. Les cimes enneigées se découpent dans un ciel d'un bleu illimité. Pas un seul nuage ne se promène. L'air est d'une pureté divine. Le cheval file, heureux comme à son premier matin. Mais soudain, à l'ombre d'un îlot de sapins, dérape sur le verglas.

Le chariot s'incline. Johann a réussi à s'y maintenir. Il en sort. Se dirige prudemment vers Biscuit qui s'agite pour se relever, signe qu'il n'a rien de cassé, mais n'y parvient pas. Johann l'encourage, l'aide de son mieux. À l'instant où il crie victoire, il sent le sol craquer sous ses pieds. Sa jambe droite glisse dans l'eau jusqu'à mi-cuisse. Ahuri par sa chute, Johann s'étonne en premier de la douce température de l'eau, qu'il pensait glaciale sous la croûte. Comment sortir de là sans agrandir le trou et plonger en entier ? Par chance un paysan a vu l'accident. Il s'approche avec prudence, tend du plus loin qu'il peut la main à Johann, et réussit à l'extraire de l'eau. Puis l'aide à guider le cheval vers une surface plus sûre. Johann peut enfin repartir, frissonnant dans ses vêtements trempés. Plaun da Lej, ce sera pour une autre fois.

De retour à la maison, il fait rire Lina et les enfants en contant l'incident. Il boit un bon verre de rhum pour se remettre, mais cela ne suffit pas. Le lendemain matin, il s'éveille avec une forte fièvre. Elle empire au fil des heures. C'est une pneumonie. Les poumons de Johann ont souffert du travail en sous-sol, des vapeurs et des fumées. Sa forte constitution lutte jusqu'à l'automne. Il ferme les yeux à Sils le 5 septembre 1826.

Chacun le pleure. Au cimetière, qui grouille de monde, on raconte que le cheval est mort une heure après son maître. Chacun a tenu à apporter au moins une fleur. Et en larmes déchiffre le texte gravé sur la pierre tombale tandis que la cloche de San Lurench sonne le glas.

Le 5 septembre 1826
Joh. Josty quitta la vie à l'âge
de 54 ans. Que tes cendres
reposent en paix dans les entrailles
de la terre. Que ton esprit
chemine en perfection
et loue celui qui remplit
le gobelet de la nature entière.
Du séjour des bienheureux,
regarde les tiens avec bénédiction.

Longtemps, aux champs, à la pêche, à l'auberge, dans les ateliers des artisans, dans les maisons, on évoquera le personnage et la prodigieuse ascension de Johann Josty.

Celui qui fut berger, confiseur, cafetier, pâtissier, distillateur, brasseur, constructeur, est à jamais surnommé *Bap dals povers*. Le père des pauvres.

REMERCIEMENTS

Pour le partage généreux de leur savoir et leur précieuse lecture :
Anik Buj, historienne de l'alimentation, présidente de De Honesta Voluptate – Société des Amis de Jean-Louis Flandrin ; Elisabeth Flury, Biblioteca Engiadinaisa.

Pour m'avoir ouvert leurs archives et m'avoir prodigué leurs conseils avisés :
Patrick Dietrich, hôtel Waldhaus ; Dora Lardelli, présidente de Kulturarchiv Oberengadin, et Ursula Zischg ; Andreas Ludwig, ancien directeur de l'hôtel Margna ; Marc Römer, Mairie de Sils ; Peter Villwock, Nietzsche-Haus ; Reto Zuan, fin connaisseur de Sils.

Pour leurs ouvrages précieux :
Rudolf Boppart (*Sils im Engadin*), Antonin Carême (*Le Pâtissier pittoresque*), Daniel Josty (*Bière de mon tonneau*), Dolf Kaiser (*Fast ein Volk von Zuckerbäckern?*), Karl Kasthofer (*Bemerkungen auf einer Alpen-Reise*), Rolf et Urs Kienberger (*Le Waldhaus 1908-1983*), Jean Massin (*Almanach de la Révolution française et du Premier Empire*), Menon (*La Science du maître d'hôtel confiseur*), Paul Raabe (*Sur les pas de Nietzsche à Sils Maria*), Paul Robbi (*Aufzeichnungen*).

Pour leur soutien, leur écoute et leur amitié :
Maddly Bamy, Pierre Michel Kahn toujours, Gilles Lapouge.

Enfin merci pour leur enthousiasme et leur efficacité aux éditions Le Passage : Marike Gauthier, Yann Briand, Vincent Eudeline, Barthélemy Chapelet.

Achevé d'imprimer sur les presses de CPI en juillet 2018
Dépôt légal : mai 2018 • ISBN 978-2-84742-385-3 • Imprimé en France

N° d'impression : 2038484